Investment

Investment

熱銷
慶功版

任何股票都能翻倍賺的

多空雙作
線圖獲利法

株は技術だ！
倍々で勝ち続ける
究極のチャート授業

日本股神 **相場師朗**——著 江裕真——譯

推薦序

只要透過練習，
誰都可以成為「交易職人」

· · · · · · · · · · ·

　　講到關於日本的股票投資，必定會想到一個人：本間宗久。本間宗久可以說是日本技術分析的宗師，他自創的「酒田戰法」影響了後世成千上萬的人，投入及鑽研技術分析，一直到後來歐美金融市場崛起，基本面分析以及財務分析才成為股票市場的另一顯學；不過，就如同本書作者相場先生所說，再多的資料，都抵不上股價圖表的變化。

　　相場先生的這一本書《任何股票都能翻倍賺的多空雙作線圖獲利法》，裡面其實並沒有提到很多傳統的技術分析理論，例如 K 線理論、型態學或是日本人常提到的「酒田戰法」，反而他一直強調的一個重要觀念是：「交易股票，是一門技術。」，而只要是技術，就可以透過練習來達到職人、達人的境界，而且任何人都可以做得到。

　　關於這一點我是相當認同的，因為在我股票投資的修業之路上，曾經遇過不少高手，這些高手大都不是具有高學歷或具備財經相關背景的操盤人，有些甚至只是名不見經傳的大嬸、大叔，但他們卻是投資股票的高手。他們會成為高手的原因無他，就是擁有夠多的股票操作經驗，這與相場先生給他學生的金言「練習、練習、練習、鍛鍊、鍛鍊、鍛鍊」其實是不謀而合。

　　至於是哪些練習呢？相場先生也清楚地提出五個練習法：(1) 解讀趨勢的練習、(2) 預測變化的練習、(3) 穿鑿附會的練習、(4) 局部「部位操作」的練習、(5) 長期「部位操作」的練習。相場先生相信投資朋友只要有足夠的練習，也可以成為股票交易的高手。

　　在五個練習法中，相場先生特別強調「部位操作」的練習。所謂的「部位操作」，是指多頭部位和空頭部位的部位比重，以及應該在什麼階段執行。關於這一點，可能是過去較少人提及的。本人雖然在著作《相信我，你的錢賺不完》中，有提及利用我改良過的「新葛蘭碧八大法則」，設計波段操作上的資金及持股比重，不過卻沒有提及多空部位的設計，關於這一點相場先生做到了，本人相當佩服。

　　由於大多數人投資股票，只會單純地買進及賣出，鮮少人可以做到同時擁有多單以及空單，原因之一是台灣市場不鼓勵做空，另一個原因是人們對於放空這件事，內心隱約存在著不道德感，當然這些都是不必要的。因此，這一本書可以說是對所有想要增進自己交易功力的投資人，一項最好的升級祕笈，值得各位珍藏。

仲英財富投資長　陳唯泰

技術分析＋多空雙作＋風險管理 ＋資金管理＝賺錢

．．．．．．．．．．．

　　筆者長期為基金經理人上課，課間最常碰到的問題是：「有法人專門只用技術分析來操盤賺錢嗎？」因為他們與法人都離不開基本面，總是說回歸基本面。我回答說，國際級的超大資金法人，經常都是只用程式交易在操作的，其實這就是我們現在講的機器人操盤，也就是完全只用技術分析操作。

　　現在重點來了，程式交易真的是只有技術分析嗎？當然不是，更重要的是風險管理與資金管理。所以對個人投資人而言，若只想努力從技術分析上來獲利，長期來看要持續賺錢的可能性相當低。必須加入嚴謹的操作策略，風險管理與資金管理，才能長期穩定賺錢。

　　本書的「序章」以投資市場漲跌循環周期開始，說明漲跌循序漸進，所有市場背後的漲跌因素，最後終將表現於價格上。接著說明價格變動是可預期的，多空雙向操作的方法，及部位的簡單管理方式。「實踐篇」談操盤運作的技巧、各種不同行情下的買賣技巧，並深入講述買賣的策略與部位管理的實際運作方法，最後進入實作演練的「交易練習法」篇，教會讀者進入市場操作實戰的能力。最後一章與「終章」的收尾，讓讀者了解投資這條路，需自我激勵與修行，才能

走得長久。

　　這本書的優點：輕鬆、簡單與實用。這是一本既適合散戶，又適合法人的專業技術分析操盤書籍，能讓讀者輕輕鬆鬆就上手，進而學會運用技術分析操盤獲利。特別是在策略與實戰技巧上，本書多有著墨。這本書的特點：技術分析、多空雙向操作、操作策略、風險管理與資金管理，以及實作演練。完全以技術分析為核心，搭配上完整的操盤策略與管理，最後以實作練習教會想從投資市場賺錢的投資人。

　　這是一本能夠幫助投資大眾，以純粹技術分析為核心的實用書籍，適合於短中長期的操作，能廣泛運用於股票、基金、期貨與選擇權的實戰好書。如果您對技術分析技巧、操作策略、風險管理與資金管理等議題有興趣，本書將成為您的最愛。作者將正確的買賣技巧、成功獲利的方法，以及循序漸進地演練方式，逐步依序寫出完整的多空雙向操盤技巧，無私地與讀者分享。好書值得推薦！樂意於此寫下推薦序。

操盤手培訓講師　齊克用

掌握圖表致富，
找到自己的投資「勝」盃

．．．．．．．．．．．

如果有一種人生，可以透過股票交易獲利，又可以維持一直以來的生活模式與品味並樂在其中，該有多美好！這本書的圖表致富術可以毫不困難的幫你實現夢想！

凡過程必有鋪陳，股價的漲跌騰落毫無疑問的是由參與市場的買賣雙方共同決定的，在一天的交易過程中形成了不同的量與價，構成了 K 線同時又構成了代表人氣的成交量。

在技術分析上的研判工具諸如各種指標 KD、RSI、MACD 等，和不同周期的均線都來自 K 線，兩個波段的強弱比較也來自 K 線，這些技術分析工具形成了買賣點研判上的重要依據。

均線的特性是推波助瀾的助漲助跌，掌握了均線扣抵「活動靶」發揮「股價趨勢」助漲助跌的特性，這就是過程中的鋪陳；多頭（空頭）中繼整理完成並延續前一波的漲勢（跌勢），這也是過程中的鋪陳，若能掌握住這個「過程中的鋪陳」訣竅，在技術領域的買賣操作已然穩操勝券，因為掌握住了波段轉折就是掌握住了財富！

波段轉折—只有四個位置：

底部

多頭整理

頭部

空頭整理

這些是區分就如同物種——區分出界門綱目科屬種是一樣的道理。

技術分析就是考驗人性，就是「不見兔子不撒鷹」。過程中就是等——等轉折的條件形成。所以才說：「股票是等來的。」它不存在任何影響股價漲跌的利多利空，它僅僅就是一種直覺操作。

因此技術分析操作者長久以來，不看基本面、不看營運數字、不探消息……因為上述這些，都會完完整整點滴不漏的呈現在 Tick 上，呈現在 K 線的量價角度結構上。而營運數字、基本面、消息面等，都是「亂我心者，今日之日多煩憂」的源頭。

在台灣、日本、美國、全世界，操作股票、黃金、外匯和各種金融商品並真正長期戰勝市場與基金績效，獲得傲人投資績效的，沒有例外，清一色的都是依據圖表致富。所以，相信它，You Can Make It ！

相場師朗君醉心技術分析並經實戰訓練 40 年，在日本享有高知名度並接受萬千粉絲的擁戴，相場君厚德載物不藏私的將他所學所經歷的心法、戰術、戰略思維等，透過圖表真實呈現給投資朋友。

相信透過本書的學習，能為投資人帶來洞燭機先的眼光以及克服脆弱的人性，找到專屬自己的投資「勝」盃。

知名專職投資人　蕭明道

前言

這是一份「中間報告」

. . . .

　　這本書是我研究股票買賣技術的「中間報告」。為何要叫它「中間報告」呢？原因在於，我打算以自己至今累積了 40 年的知識與經驗為基礎，繼續淬鍊我的技術下去。

　　在寫完這本書之後，我依然會持續磨練技術。就像有些人練習將棋（日本象棋），有些人練習鋼琴，有些人練習網球一樣，我也在練習「股票交易」。

　　在持續練習的過程中，會發現各式各樣新課題，並且逐一克服。等到進步到更高的層次後，又會重複相同的過程。如此一來，我在股票買賣技術的修練是無止盡的，所以我才稱之為「中間報告」。

　　但即便叫做「中間報告」，本書裡所寫的內容，對於各位讀者今後想在股票買賣中創造莫大成果來說，已經十分足夠。雖然我無法把 40 年的經驗全都寫在書中，但重點的部分我都已經交待。後面我會再詳加介紹，我認為「買股就是靠技術」。

既然是技術，那麼絕大多數的人只要不斷地練習，都能夠精通。我認為，對於一直以來在股票投資上失利的朋友，或是正打算要開始投資股票的朋友，這會是一個好消息。

我很不擅長把高麗菜切成細絲，所以一看到擅長把高麗菜切成細絲的人，我就會讚嘆：「他怎麼那麼厲害，可以切得那麼快又那麼好？」

但如果有人把包括我在內，所有不善於把高麗菜切成細絲的人全都集合在一起，要求大家「每個人在精通把高麗菜切成細絲的技術之前，都不許回家」的話，會怎麼樣呢？

在這種狀況下，還有學不會把高麗菜切成細絲的人嗎？當然沒有。所有人都會拚了命不斷練習，學會把高麗菜切成細絲，離開那個地獄，獲得自由。

正如高麗菜切絲可以透過練習而精通，股票投資也能夠藉由練習而精通。因為，二者都同樣是技術，不需要才能，也不需要多好的腦袋。只要不斷做正確的練習，任何人都能精通。接下來，我會詳加介紹這套技術。

目錄

序章

股票世界的
專業職人

────

正因為是技術，所以能夠重現！

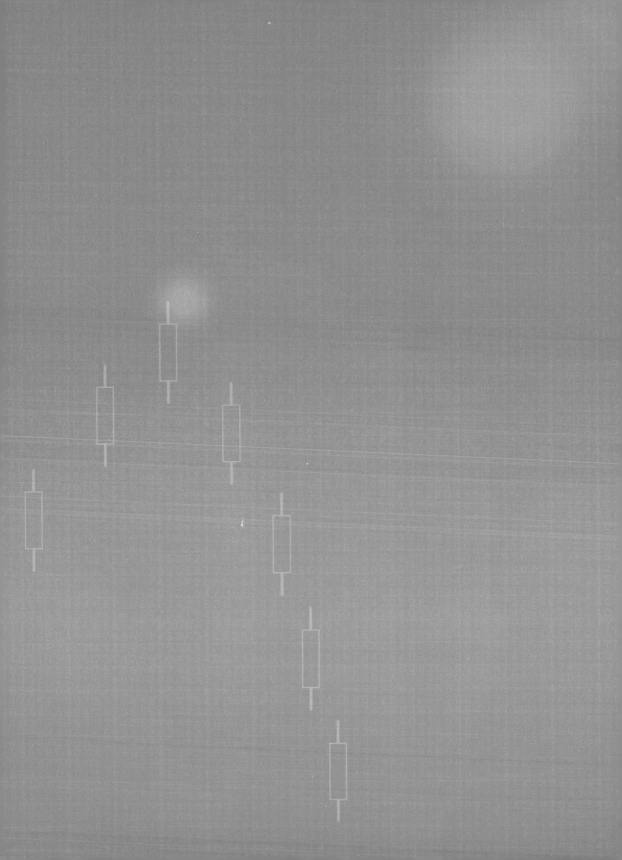

你也能成為股票的
專業職人！

　　專業職人，或是匠人的稱呼——我們日本人在聽到這樣的稱呼時，都會產生一種很了不起的感覺。

　　這樣的稱呼給人的印象是：一個行家，長時間持續做著同一件事，不停地埋首研究或是自我鍛鍊，把在同一件事情上累積了幾十年的高超技術應用在工作上，贏得了許多人的驚奇與讚嘆。電視節目也經常出現這樣的場景：民眾的老宅出現了種種問題，住起來變得很不舒服，於是找來職人，幫民眾把房子改造得很舒適。

　　其實，在各種不同的世界裡，都存在著窮究專業知識技術的專家。將棋（日本象棋）、圍棋、合氣道、空手道、堆高機的操作、劍玉❶、撞球、料理……在我們股票的世界裡，就算存在著專業職人，也絲毫不奇怪，對吧！

　　有些讀者可能會覺得：「就算股市投資有專業職人，像我這樣的平凡人也不可能當得了的……」對於這樣的朋友，我要告訴你們：

---

❶ 一種日本傳統玩具，在十字形的椎形握把尖端插著一個開了一個洞的圓球，球與椎之間有細繩相連。樂趣在於運用各種技巧，讓球停留在不同位置。

「你們當得了的！！！！！！」

所謂的專業職人就是技術人員，而技術人員就是善用工具的專家。淋漓盡致地運用工具、製造東西，其成果遠超出一般人的水準。

請各位回想一下，我在開頭處曾經講過切高麗菜絲的故事。某人在運用著菜刀這樣的工具，一再練習的過程中，產生一種想法：「等等！假如這樣切的話，應該可以切得更好才對！」

於是他試著切切看，發現：「哇！真的切得更好了！」接著，他一再地練習下去，又會希望自己能夠切得更好一些。當然他會碰到新的問題，但他用盡各種心思，透過不斷地實驗，想要解決問題。專家就是在這樣的過程中，不斷提升自己的本領。

我就是像這樣，在 40 年的嘗試錯誤下，淬鍊出自己的股票投資技術，也持續投資有成。我的學生們也一樣，在股市中投資有成。他們能夠照著我的作法得到成功，代表著我這套作法具有「可重現性」。

常有人問我：「相場先生，假如你講的股票投資技術是真的，為什麼你要把那麼棒的技術教給別人呢？」

答案很簡單：因為我想教！

某天，曾和我一起製作《七步驟股票投資法》這份影片教材的某製造公司社長邀我：「要不要舉辦現場研討會？」我很喜愛生奶油泡芙、生啤酒、生海膽，因此衝著「現場研討會」這個字眼❷，我就答應了。

　　然後到了研討會當天，發現竟然有一百多人報名前來。這使得我的想法變成「研討會一定要辦得讓他們聽了開心」，而不是去想「辦這場研討會能賺多少錢」。我誠心誠意地把自己一直培養的思維與技術傾囊相授，結果來到現場和看了影片學習的聽眾們，寫了許多感謝的郵件或信件給我。

　　那時我真的很開心。我覺得，自己過了 50 歲才深深體會到，能夠為別人做些什麼事的那種喜悅。教導的能力也是一種技術，我經常告訴自己，研討會的內容必須弄得淺顯易懂些。

　　託大家的福，現在每場研討會都能吸引一千多人前來報名。在一些只能容許較少人參加的研討會，還出現有人因為座位不夠而站著聽或坐在地上聽的情形。在每月舉辦兩次的「股票塾」學習會中，幾乎每個月都有來自國外的朋友參加。

　　我深深覺得，為了這樣的朋友而拚命準備授課內容，是很開心的

---

❷ 日文中的「生」（Nama）有生鮮、新鮮、未加工、現場等意思。

一件事。職棒選手之類的人士都會用「一切都是託各位粉絲為我加油的福」這樣的說法，現在我覺得，這樣的描述完全是真的。

我能夠為這個社會做的一件事就是，把我 40 年來一直在練習與鑽研的股票投資技術，傳授給各位。假如能把淬鍊投資技術的喜悅教給各位，為府上家人未來的豐足生活帶來貢獻，我會非常欣慰。

Chapter 1

股價
會反覆漲跌

首先要確認圖表！

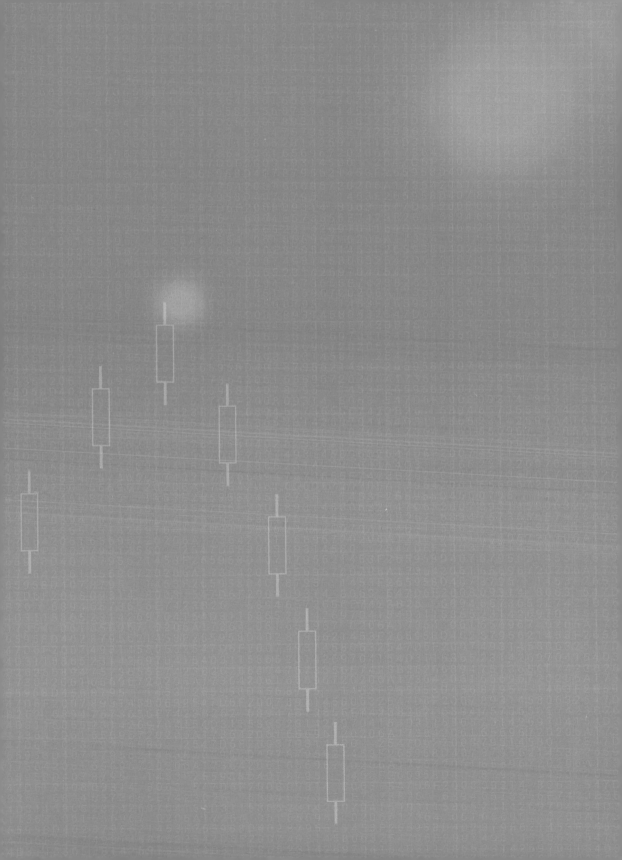

三種日經平均股價圖

　　請各位看看圖表 1-①。

　　這張圖表是日經平均指數自 2015 年 2 月 5 日起約 15 個月份的線圖。請冷靜地看看圖表中的變化，想一想。

　　在此，我先不把自己的想法講出來，而是請大家想一想，是有原因的。那是因為，自己思考是很重要的。藉著這本書，我希望能帶著各位走到邁向專業級操盤手的入口。也因此，我希望各位可以先習慣專家的行動模式，自己思考就是專家的行動模式之一。

　　假如你希望自己的股票投資大成功，請先把我的話聽進去！我鑽研股票投資至今，相當清楚自己思考是多重要的一件事。請各位銘記在心！

　　好了，現在我們再接著談下去。剛才講到看過圖表 1-①之後的感想對吧？答案正如各位所想：

▼圖表 1- ①
日經平均指數 2015/2/5 ～ 2016/4/16 日線圖

① 指數約有一半時間在上漲，約有一半時間在下跌。

② 跌完之後會漲，然後又跌；反之，漲完之後也會跌，然後
又漲。

有些比較敏銳的人可能也會感受到另一點：

③ 漲上來之後，停止再漲時，會持平一段時間再轉跌。

　　那麼，請再看一下圖表 1-②，試著感受。這是在約莫 15 個月的時間裡，連續漲漲跌跌的情況。

　　接著這張圖又如何呢？

　　請各位看看圖表 1-③，雖然是當年預言號稱「世界末日」的年份與月份，但股價依舊是「一再地漲漲跌跌」。

　　假如我又來一句「請再看下一張圖表」，各位恐怕要說：「我已經知道了！煩死人！」

　　就是這樣。股價這種東西，一年下來都是「一再地漲漲跌跌」。在上漲期間，由於買進的人多於賣出的人，因此會漲；相對的，在下跌的期間，因為買進的人少於賣出的人，因此會跌。我會在本書第五章針對這點詳加說明。

　　在這裡，各位只要理解「股價會不斷漲漲跌跌」就好。今後在買賣股票時，請各位隨時都要在腦海裡記著這件事。

▼圖表 1- ②
日經平均指數 2011/10 ～ 2012/12 日線圖

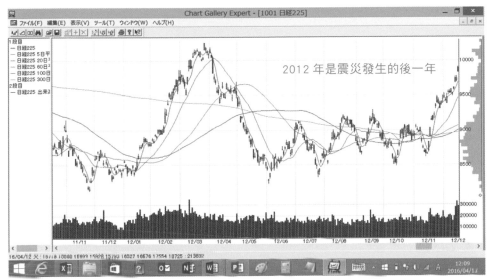

▼圖表 1- ③
日經平均指數 1998/5 ～ 1999/7，日線圖

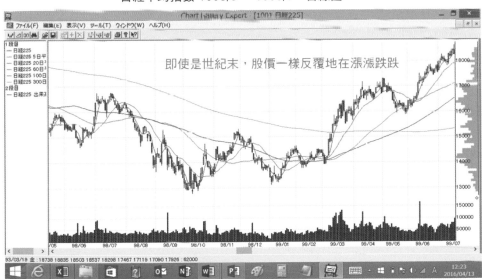

何謂 K 線？

　　所謂 K 線是圖表的一種。光看 K 線，除了可以得知股價是漲是跌之外，還能得知四種股價數值（開盤價、最高價、最低價、收盤價）。股價上漲時稱為紅 K，以空心白色長條表示（台灣為紅色）。相對的，股價下跌時稱為黑 K，以黑色實心長條（台灣為綠色）表示。

　　每日的 K 線稱為日線，每天第一筆交易的成交價稱為開盤價，最後一筆交易的成交價稱為收盤價。

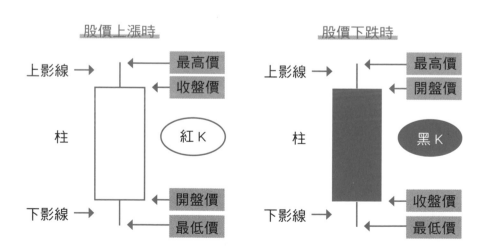

NOTE

Chapter 2

一切都會顯示
在圖表上

———

分析業績與經濟情勢是沒用的！

別去在意業績之類的事

如同各位已經在第一章了解到的，「股價會反覆地漲漲跌跌」。

本章要請各位記得一件事：「一切都會顯示在圖表上。」無論是在股市表面上進行的事，或是在私底下進行的事，全都會反映在股價上、顯示在圖表上。

以某公司為例，假設該公司即將發表的業績數字頗為糟糕。得知此事的部分分析師，在報告上寫下了此一預測。看到這消息的大戶，開始慢慢釋出持股（大戶在釋出持股時，不會一次全部賣掉，因為股價會因此一口氣大跌，所以也賣不掉，得分批一點一點賣）。

賣出增加造成股價下跌，這件事會清楚地顯示在圖表上。假如只是這樣，K線會變成黑K，當天的交易就結束了。

然而，也會有不知道即將出現負面業績數字的其他投資者。假設他們發現股價跌了，而覺得值得買進，結果買量甚至超出原本的賣出量。這麼一來，股價非但不會跌，反而還漲了。這種狀況下，結果變成是紅K，股價較前一天上漲。

　　這雖然是發表業績數字前的情形，但就算是在發表之後，也是一樣。假設某公司發表了不理想的業績數字，得知這消息的投資者釋出手中持股。但相對的，也有一些投資者認為跌價時是買進的好時機，而出手撿便宜。

　　此外也有另一批投資者認為**「出乎意料，股價跌幅沒有想像中那麼大」**而出手買進。結果，股價漲了，K線呈紅K，連漲五天。這樣的狀況也是可能發生的。

　　這樣的狀況在股市是很常見的。這種時候，新聞報導就會寫些「利空出盡」之類的內容。可以的話，還真希望他們能夠提早就報導「明天利空出盡，可以買進」，那又是另一個故事了。

▼圖表 2- ①
6501 日立製作所 2004/5 ～ 2004/6 日線圖

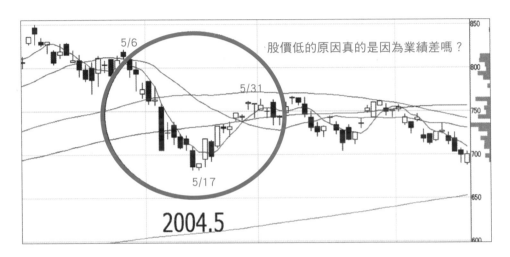

　　請各位看看圖表 2- ①，這是日立製作所的日線圖。以○框起來的
部分是 2004 年 5 月的股價動向。自 5 月 6 日至 5 月 17 日為止都呈現
跌勢，但自 5 月 18 日起至月底的 31 日為止都呈現漲勢。

　　假如推動股價的關鍵因素在於業績，那就代表著 5 月上半的業績
不好，下半的業績很好。或者說，可能 5 月初的時候，預估今後業績
不理想，但中旬時修正這種看法。但事實上，這段期間業績狀況並未
有所變動。假如只看圖表，看起來會覺得不過是跌了一些又漲了一些
而已，但其實這樣的漲跌幅度算滿大的。

前半跌了約 100 日圓，跌幅 12.5％，後半上漲了約 70 日圓，漲幅 10％。以 12％ 來說的話，假設日經平均指數在 17,000 點，就是 2,040 點的意思。

而且，這樣的股價變動，在○之外的範圍同樣是經常發生。其他個股也一樣。

股價不會只因為業績而變動，也不會只因為公司的未來而變動。股價是出於參與股市交易的所有人的買進與賣出行為交錯在一起，才形成的。而把這樣的變動連續地呈現出來的圖表，就會如實地呈現出股價變動的趨勢。

因此，從實務投資的角度來看，股價的變動可以說絕非「隨機漫步 ❸」。假如股價只是隨機漫步，那就不可能有「常勝」這回事了，細節我會另外再說明。

---

❸ 隨機漫步理論：一種認為「股價的變動不受到過去動向影響」的理論。也就是說，明天的股價是漲是跌，只不過是 1／2 機率的問題而已。

只要看「股價趨勢」就好！

無論你收集再多某家公司的資訊，要預測其股價依然很困難。就算你和該公司的諸多人士會談、探訪他們設在全球的營業據點、鉅細靡遺地閱讀該公司過去的財報，再加上滴水不漏地研究業界的動向，一樣非常困難。這一點，只要看看各種基金的投資績效，應該就能理解。

因此，還是放棄無謂的抵抗，只把焦點放在股價這種「最終結果」的動向上就好。這才是最有效率的作法。自從我發現這件事之後，股票投資就開始順暢起來了。自那時起，我反覆驗證幾十年了。

「一切都會顯示在圖表上！」

好了，現在來談談，在剛才那張圖表的狀況下，我會如何出手。前半我會靠放空，後半我會靠買進獲利。實際操盤會更為複雜，但如果簡單計算的話，前半若放空1萬股，約獲利100萬日圓；後半再買進，則又獲利70萬日圓。

因此，5月的獲利就是170萬日圓。要是在日立製作所之外，還另外操盤四檔股票得到相同獲利的話，5月獲利總值就是850萬日圓。

要是各位也能如此買賣股票，那就太好了！接下來我希望帶領各位前往那樣的世界。

「一切都會顯示在圖表上！」

請各位銘記於心。

啊！還有一件事也非得向各位點出來不可。就算你已經在心中牢記「一切都會顯示在圖表上」，但在實際交易時，你應該又會在意起新聞報導，或是評論家或分析師的意見吧？

要跳脫那樣的心理狀態是很辛苦的。請加油！

基本面與技術面

　　股票投資中用到的分析法，大體上可以分為基本分析與技術分析兩種。

　　基本分析所分析的是企業的業績、未來發展等企業的本質。最具代表的指標有本益比（PER）、股價淨值比（PBR）、股東權益報酬率（ROE）等。

　　技術分析則完全不考慮企業本身，只根據過去的股價變動情形，分析未來的股價動向。

　　本書當然是一本談技術分析的書。

NOTE

Chapter 3

藉由股價下跌
獲利

放空有兩種用法！

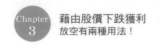

外行人的專業級交易

　　如同前面講的，股價會不斷地漲漲跌跌。不只是日本股票這樣，外國股票、外匯（外幣保證金交易），以及黃金、玉米、原油等商品期貨交易的價格變動，也都完全是如此。

　　我主要的買賣對象是日股與紐約黃金。但如果是價格變動中讓我覺得相對較安全的狀況下，我也會「出動」做外匯或商品期貨交易。大體上都是因為有賣方與買方存在，雙方買賣成立之下，才會決定交易價格，因此成交量（一定期間內交易的股票量）愈高，就愈能靠我的買賣方式創造獲利。

股票的買賣通常是透過買低賣高獲利

　　例如，假設你以每股 500 日圓買了 A 公司股票 1,000 股。一個月後漲到每股 600 日圓。若在這時賣掉股票，每股賺 100 日圓。由於手邊持有 1,000 股，**每股獲利 100 日圓 ✕ 1,000 股＝總獲利 10 萬日圓**。這是一般透過買賣股票獲利的方法。除此之外，還有一些賺取細微利益的方法，像是領取股息、賺取借券利息等，但我百分之百鎖定的是

買賣股票本身的利益。也有些企業會提供優待券之類的東西,雜誌上也經常報導,但那些我都不放在眼裡。對我來說,那些就只是額外的贈品而已。

來談談我一個已經 80 多歲的朋友好了。他叫竹內,是一位老紳士。這位朋友是企業經營者,但對於股票投資是個完全的外行人。不過,看在我的眼裡,他卻在不知不覺間以趨近於專家級的交易手法在買賣股票。至於他買些什麼股呢?只有一檔,就是 FamilyMart。

他已經將近 30 年,除了 FamilyMart 的股票之外,什麼股都不買賣了。FamilyMart 的股票也一樣,自上市以來,不停地在漲漲跌跌。

竹內先生只要一看到該檔股票下跌,他就買進。等漲到某個程度後,他就賣掉。他不以股票的買賣為本業,因此賣掉後他就忘掉了該檔股票。等到哪天他又突然去確認股價,假如發現跌了不少,他就又再次買進。竹內先生每年就是一直這樣買進賣出,賺到相當於企業新進員工年收入的投資利益。很厲害吧!

我正打算邀請竹內先生到我在日經電台主持的廣播節目《相場師朗的股票教室》談談這件事。這位竹內先生的股票投資方式,雖然仍算是外行人,卻包括了專家的基本手法。

▼圖 3- ①竹內先生的 FamilyMart 股票買賣示意圖

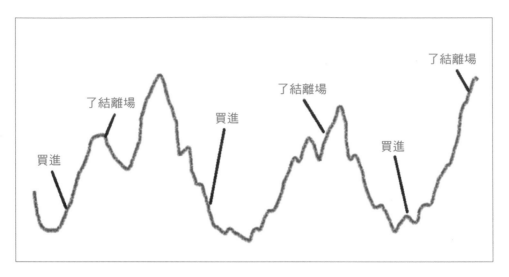

　　圖 3- ①是竹內先生買賣 FamilyMart 股票的示意圖。所謂的「了結離場」就是結算、清算，將手中持股歸零，退場的意思。

　　可以的話，請各位把這本書暫且放在書桌上，去看看 FamilyMart 這檔個股過去大概 10 年左右的股價變動情形。應該是很明確存在著不斷漲漲跌跌的現象。順便，再找任何一檔股票都行，也同樣確認一下大概 10 年左右的股價變動狀況。那檔股票應該也一樣，股價一直在漲漲跌跌。既然其他個股同樣如此，就意味著除了 FamilyMart 這檔股票之外，其他個股一樣能夠這樣買賣。就是像圖 3- ②那樣的示意圖。

　　有多種不同技巧可以順利做到這樣的股票買賣，後面我會找機會介紹。

藉由股價下跌獲利就是放空

▼圖 3- ②竹內先生的買賣手法也適用於其他個股

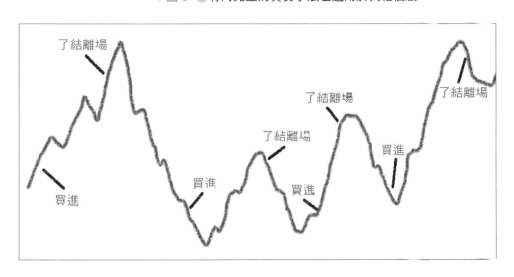

　　好了，現在要講重點了。我在本章開頭提到的，以每股 500 日圓買的股票，在漲到 600 日圓時賣出的例子，是一種把買進的股票賣出，藉以獲利的手法。

　　但這樣只是在漲跌當中利用了漲的部分獲利而已。竹內先生操作

▼放空說明圖

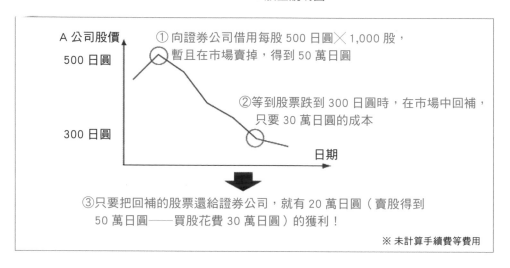

A 公司股價

500 日圓
　　　　　　　① 向證券公司借用每股 500 日圓✕1,000 股，
　　　　　　　　暫且在市場賣掉，得到 50 萬日圓

　　　　　　　　②等到股票跌到 300 日圓時，在市場中回補，
　　　　　　　　　只要 30 萬日圓的成本

300 日圓
　　　　　　　　　　　　　　　　　　　日期

③只要把回補的股票還給證券公司，就有 20 萬日圓（賣股得到
　50 萬日圓——買股花費 30 萬日圓）的獲利！

※ 未計算手續費等費用

FamilyMart 股票的方式也是一樣。

　接下來要介紹的是放空，也就是利用股價的下跌獲利。請參考上圖。假設投資人預測，目前股價在 500 日圓的 A 公司股票，在不久的將來將會下跌。這時，就向證券公司下單放空。等到股價一如預測跌到 300 日圓時，就下單回補。

　就只有這樣而已。由於放空之後股價下跌，只要回補了結，二者

▼圖 3- ③放空獲利示意圖

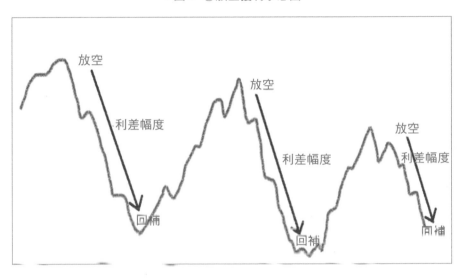

間的股價差距就是獲利，非常的簡單。其示意圖如圖 3- ③所示。

不過，正如股價跌到買進價格以下時會蒙受損失一樣，假如放空之後股價上漲，漲多少就產生多少損失，這一點必須多加注意。

透過買進賺取股價上漲的利益；透過放空賺取股價下跌的利益。這樣的話，就能把從過去以來一直持續下來，今後也將永久持續下去的股價漲跌，轉換為獲利。

自 2003 年持續到 2007 年的「小泉泡沫」❹ 期間，日經平均指數從 7,000 點上下漲到 18,000 點上下。

假如買進的持股，從 2003 年起一直放了五年到 2007 年，股價約漲 2.5 倍。相對的，在這五年期間的漲跌，假如在漲的時候先獲利了結，接下來跌的時候再賺一筆，然後再等到漲的時候又賺一筆……像這樣反覆操作的話，獲利將遠超過 2.5 倍。更甚者，若能利用這五年期間所有些微的漲跌，獲利又會更為豐碩。

再者，放空也可能去除套牢的風險。所謂的套牢，就是買進股票後價位下跌，以至於被迫一直持有該檔股票的狀態。但如果把放空當成避險手段的話，能夠更有效的防止這種損失出現。

只要能精通把放空當成保險（避險）手段的手法，股票的交易範疇將會變得極為寬廣。

---

❹ 指日本前首相小泉純一郎在位期間出現的經濟緩步復甦與股價上揚趨勢。

為求保險（避險）而放空

充當避險手段的放空，是一種在面臨難以判斷會漲會跌的狀況下使用的方法。手邊保有的持股處在下跌的狀況，但有可能馬上又反彈回漲，因此還不想要了結離場。但因為有可能就這樣一直繼續跌下去，持續保有也有一定風險。

我想，各位讀者應該也碰過這種教人困擾的狀況。那就來幫各位解決這樣的煩惱吧。

請看看下頁的圖 3-④。只要利用放空，這樣的事也是可能做到的。

這是投資人 A 的股票買賣圖。由於認定股價下跌與持平一段時間後會再漲，因此姑且先買進 3,000 股。這種狀況，我們以 0：3（放空張數：買進張數）表示之。但是在連續上漲達六天後，股價開始下跌。這可能是獲利了結的賣盤，據信只要此一賣盤結束，股價就會再漲。

只是，A 先生對於這樣的解讀也沒有百分之百的自信。好一個教人煩惱的場面，雖然不想出清持股，但持續保有卻又有風險。

這時，就來放空一下吧。

　　Ａ先生下單放空 3,000 股，兩邊的股票都保有，部位變成 3：3。這樣的話，無論是漲是跌，都不會受影響。完成這樣的布局後，等到過一陣子止跌開始回升時，只要結束空頭部位，就會只留下一般買進的持股（部位 0：3），也就能夠繼續享受這批買進的股票所帶來的上漲利益。

　　當然，不是突然就調整成 0：3，而是因應「股價會漲」的可信度，像圖中那樣，漸進式地把避險部位結清掉。

　　等到股價又漲了一些，投資人認定「避險性放空已經沒必要」時，就回補所有放空，只留下原本買進的持股（0：3）。這就是把放空當成保險手段的方式。

▼圖 3- ④具有保險（避險）功能的放空

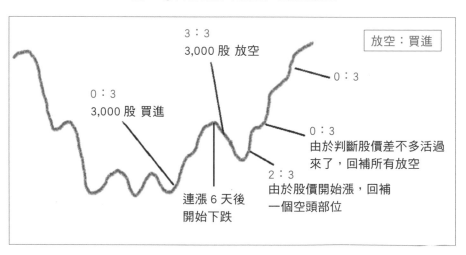

　　此外，同時保有多頭部位與空頭部位，為調整雙方的數量而採行的一連串交易手法，稱為「部位操作」。

　　順帶一提，圖 3- ④為了說明避險，以比較簡略的形式呈現交易，實際的專業交易更為複雜。例如，即使是 3：3 的狀況，也可能因為情勢的不同而變成 2：3。

　　不過，我似乎聽到有人在問了：

「既然到最後還是漲了，那不就沒必要放空了嗎？」

　　這只是馬後炮而已。

　　這樣的情形，就像有些人覺得「要是當時有保車險就好了」，也有些人卻覺得「根本沒出事，當時不應該保車險」一樣。

　　況且，股票交易經常會碰到意外狀況（股價也可能就這樣一直往下跌），這樣的「部位操作」是正確的。再者，對於經常發生的意外，「部位操作」可以轉禍為福。這才是專家級高招的精髓！

　　詳細內容我後面會談。2012 年軟體銀行的股票暴跌（參見第 8 章）就是好例子。我好像一直在說「後面會談」，不過一些必備知識還是得先弄懂比較好，否則是進不了那個領域的。

　　請各位把現在的課程當作助跑好好學習。

Chapter **4**

股價的變動
是可預測的

不需要困難的理論或計算！

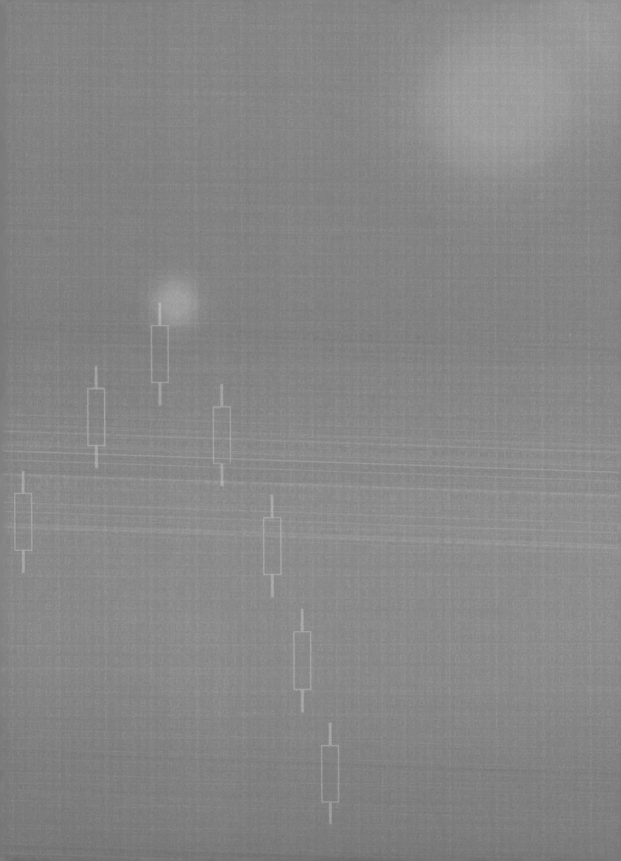

「整數關卡」＋
「移動平均線」超好用

本章的目的在於，讓你了解其實股價在一定程度內的變動是可以預測的。

證據比理論實際，以下就來看幾張圖表。

首先，請看圖4-①，為了透過買賣股票獲利，能夠在這張圖表當中找出重點，心想：「啊！就是這個！」是很重要的。在觀看圖表時，請各位都要記得懷抱著這樣的心情。

那麼，就來談談我所察覺到的兩點：

1. 圖中最下方的線（300日「移動平均線」），與這條一路往右上方延伸的線，距離最近的6、7、11月，所發生的事令人在意。

在以大圓圈框起來的②、④、⑦的地方，漸漸下跌而來的股價，在靠近這條線附近的地方止跌，這可以應用在創造獲利上！

2. 還有另一個令我大感興趣的是「整數關卡」。股價在此一大盤圖中顯示於右側，但這是每隔500點標示一次。這表示這張圖表的製

▼圖 4- ① 日經平均指數 2006 年日線圖

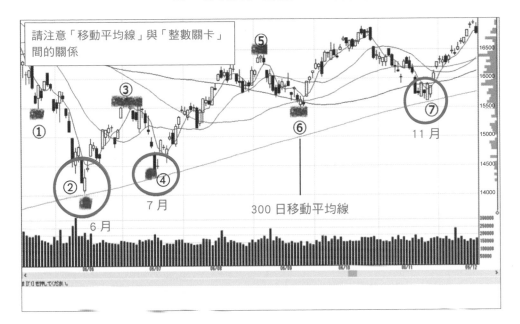

作是以 500 點為單位繪製，但其實也可以以 1,000 點、2,000 點為單位繪製。像這種剛好一個整數的股價，稱為「整數關卡」。

以這張大盤圖來看，在上漲（下跌）時，暫時停止上漲（下跌）的地方，都在靠近「整數關卡」之處。去看股價指數的最底部也是一樣，看得出就在「整數關卡」附近。圖中的①到⑦，無一不是如此。

①在 15,500 點處止跌。②在 14,000 點處止跌，且迫近 300 日均線附近。③在 15,500 點處止漲。④在 14,500 點處止跌。⑤在 16,500 點處止漲。⑥在 15,500 點處止跌。⑦的止跌處雖然略高於 15,500 點，但靠近 300 日均線。

▼圖 4- ② 9766 科樂美控股 2016/1 ～ 2016/2 日線圖

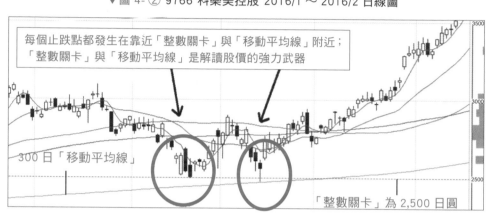

每個止跌點都發生在靠近「整數關卡」與「移動平均線」附近；
「整數關卡」與「移動平均線」是解讀股價的強力武器

300 日「移動平均線」

「整數關卡」為 2,500 日圓

「整數關卡」+300 日「移動平均線」的組合，頗為強大對吧！

都這麼多證據了，可信度應該頗高了吧！要是各位產生「真的耶」、「我漸漸覺得相場師朗是真正的投資高手了」這樣的想法，那是我的榮幸。

請各位看看圖 4- ②。仔細看好唷。左側的大圈圈，股價在幾日圓處止跌？右側的大圈圈處又如何呢？二者都在整數關卡 2,500 日圓處止跌對吧。

而且，右側的大圈圈框起來的 2016 年 2 月處，下影線不偏不倚就在與 300 日「移動平均線」相接處止跌。簡直就像東京證券交易所、「移動平均線」、K 線的下影線，彼此之間事前就說好了一樣。

何謂「移動平均線」？

在此稍微說明一下「移動平均線」，「移動平均線」代表著一定期間內股價的收盤價平均值。本書圖表中的折線圖，全都代表著「移動平均線」。

5日「移動平均線」，就代表著最近五天收盤價的合計再除以5。例如，9月5日的「移動平均線」，可以像下面這樣計算出來：

「9月5日股價收盤價＋9月4日股價收盤價＋9月3日股價收盤價＋9月2日股價收盤價＋9月1日股價收盤價」÷5

本書中會經常出現○○日「移動平均線」這個字眼，以下都以○○日均線簡稱之。像是300日「移動平均線」，就稱之為300日均線。要使用幾條「移動平均線」，視製作圖表的公司而異，但在本書中，會使用5日均線、20日均線、60日均線、100日均線、300日均線這五條。

轉折天數
也可以成為武器

好了，現在回來談股價的預測方法。請各位看看圖 4- ③，圖中的
①～⑥表示經過的期間。

①是包括底部在內的月份（此後將包括最靠近的底部在內的月份
定義為第一個月）。②是自底部的月份算起經過一個月的月份。這樣

▼圖 4- ③ 9437 NTT DoCoMo 2014/4/7 ～ 2014/11/12 日線圖

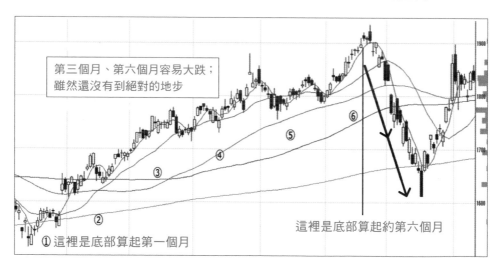

第三個月、第六個月容易大跌；
雖然還沒有到絕對的地步

這裡是底部算起約第六個月

① 這裡是底部算起第一個月

算下來的話，⑥就是從底部的月分算起第六個月附近，股價就是在這裡準備開始大幅下跌。

其實，現在已經發現，各種個股過去股價呈現較大的下跌，往往發生在約第六個月的時候，雖然中間還是會有一些漲漲跌跌。而這現象發生的機率還滿高的！

同樣的，到第三個月的時候，也經常出現股價大跌的情形。像這種「到達上漲／下跌轉折點的大略天數」，以股市用語來說，稱為轉折天數。

當然，並不是：「好了！第三個月了，第六個月了，差不多該跌了。」這是外行人的想法，有這種想法的人是無法獲利的。股價的變動，不會那麼死板板。

專家會像下面這樣子思考，請各位學學箇中的思考方式：

「上漲至今，差不多第三個月（或第六個月）了。這麼說來，波動度（股價的變動程度）似乎慢慢在變大了呢！跌破 5 日均線後，反彈回來的次數在變多。一直以來都是大概每四天紅 K 才出現黑 K 的，最近卻是紅 K 和黑 K 交替出現，昨天和今天還是睽違三個月的連續兩天黑 K。這次或下次反彈後，可能就要大跌了。」

這樣的解讀如何呢？這裡面充滿了專家思維的精華。

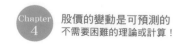

第三個月的轉折天數

好了，那這個又如何呢？請看圖 4- ④。

和前一張圖一樣，①和②之間請想成是一個月。由於在③那個月走到底部，因此是在轉折天數到達第三個月時見底。正確來說，其實在①的一個月之前就已經開始下跌了，但如前所述，這是會有誤差的，充其量也只是一個大概的天數，所以這不是問題。由於在③那個月見底，因此是在轉折第三個月的時候觸底。不光上漲如此，下跌也一樣，第三個月、第六個月這種轉折天數，會很有助於判斷。

好了，這張圖接下來要談的部分才是正題。

請看看圖上畫的箭頭。在三個月的下跌當中，固然曾暫時出現反彈，但在前面兩個箭頭的附近，都是再次由漲轉跌。然後在第三個箭頭的地方，下跌期間進入約第三個月，開始由跌轉漲。

這樣的變動，是在許多個股的線圖中都能看得到的現象。若能一開始就預想這樣的變動再做交易，不就能收穫不錯的投資成果嗎？

在這張圖當中，下跌的過程裡曾數度觸及或略為越過 20 日均線，然後又繼續下跌。隨著觸及 20 日均線的次數增加，也愈來愈靠近上漲局面。

▼圖 4- ④ 9449 GMO 網路 2014/7/7 ～ 2014/12/1 日線圖

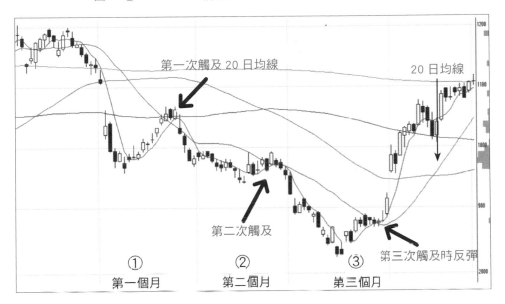

本章主要說明「股價的變動某種程度早已決定了」這個主題。除了這裡舉的例子外，還有許多個股在股價上的特徵性變動，都能夠證明此事。關於特徵性股價變動，我準備在下一章介紹最重要的技術，也就是「部位操作」時，一併詳加介紹給各位。

最後我一定要告訴各位一件極為重要的事，那就是，光是知道這些東西，仍無法讓你獲利。

知道與做得到是兩碼子事！

這是極其重要的認知。請各位將此事銘記於心，再進入下一章。

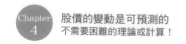

何謂「移動平均線」？

　　相對於用來解讀一日股價動向的日線圖,「移動平均線」代表的是粗略的股價動向。

　　本書中使用的「移動平均線」有五種。

　　5日均線代表一星期,20日均線代表約一個月,60日均線代表約三個月(星期六、日、例假日、元旦前後等日期由於交易所休息,無法交易)。100日均線代表約五個月期間(約20周),300日均線代表約60周。

　　除日線圖外,假如再運用周線圖、月線圖,就能更全面地得知「股價趨勢」,不過仍可以維持使用日線,又能夠同時看到周線圖與月線圖:那就是運用100日均線與300日均線。

NOTE

Chapter 5

「相場流」投資
的兩大要點

———

解讀「股價趨勢」+「部位操作」

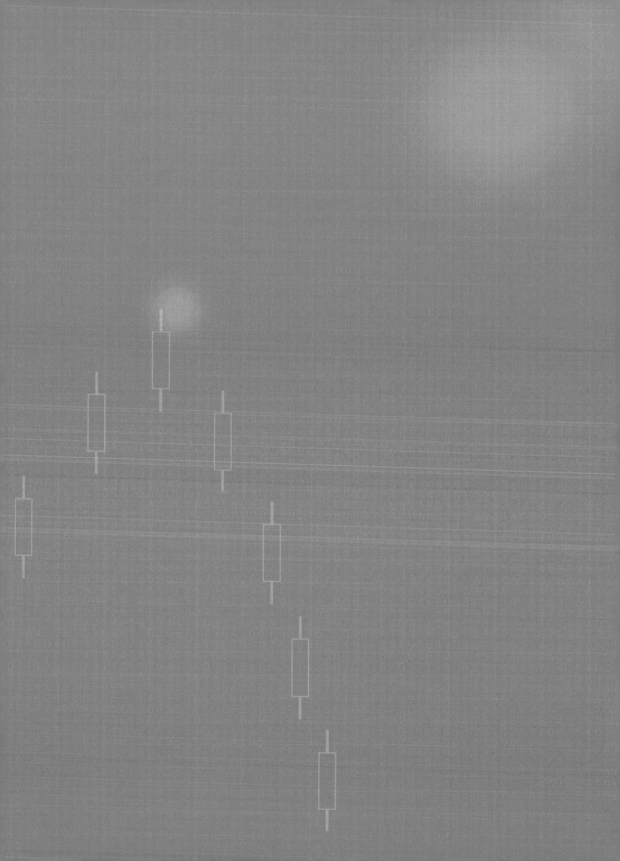

要點①：
解讀「股價趨勢」！

　　本章開始總算要進入比較深的部分了。

　　到第四章為止，各位已經理解到，「股價會不斷漲漲跌跌」，其變動並非全然不可預測，而是某種程度可預測的。此外，大家也已經確認到，圖表是把所有事項，像是紐約股市的動向、外匯動向、國內外政治情勢、企業的業績等，都一併反映在內的終極產出。

　　這一點，對於個人投資者來說，是個好消息！

　　一直以來，為了買賣股票，而必須研究的各種情勢，現在都可以不必去想，只要專注在觀察股價的動向上，當預測到股價要上漲，就進行買進。

　　假如預測接著股價要跌，那就放空就好。這種理想的買賣情形，將會出現在各位身上。

　　本章希望讓各位理解兩個要點，而要想持續創造穩定的獲利，這兩個要點是絕對必要的。

第一個要點，就是要學會解讀「股價趨勢」。

一旦懂得解讀「股價趨勢」，就能知道「再漲一陣子後，股價的漲勢就會開始減弱，因此應該要來放空」，或是「雖然現在股價在跌，但再一陣子就要止跌了，現在起要來分批買進」之類的事。

股價的形成像是在「選舉」

問各位一個問題：

在正常狀況下，股價上漲的絕對必要條件是什麼？請先自己思考看看，不要馬上就往下看答案。

就算想不出答案，能夠停下來思考的人，未來一定會變厲害。好了，答案來了。

為使股價上漲，買股人必須多於賣股人。嚴格來說，應該是「買股人在市場買進的股數，高於賣股人出售的股數」，但這裡只用買股人數與賣股人數來描述。

正因為買股的人多於賣股的人，所以股價會漲。

不管業績再怎麼好，不管推出再棒的新商品，假如想要買進這家公司股票的人數，沒有多於想要賣出其股票的人數，股價就不會漲。

反之，不管冒出再多利空題材，只要想買這家公司股票的人，多於想賣出其股票的人，股價就會漲。

股價的形成就像在「選舉」（在「選舉」中，「票不一定投給你認為最適合的人，而是會投給看起來會比較多人投的人」的一種集體心理）一樣。

這樣的說明，相信連股票投資的外行人，也都能夠馬上理解。

假設某公司發表了利空消息，但股價非但沒跌，反而大漲。去看網路新聞，發現記者的報導寫著「利空出盡因此股價上漲」。但另一天，另一家公司也發表了利空消息，就在你抱持著「利空出盡，股價會漲」的想法而試著買進時，卻發現股價大跌。去看網路新聞，報導寫著「利空消息發酵，股價下跌」。

同樣是利空題材，究竟是正面還負面看待之，全看買賣股票的投資人怎麼想。

而且，每位投資人的想法並不一致。到頭來，還是要取決於想買進的人多，還是想賣出的人多。股價會往人數多的那一邊動，就是這樣而已。

股價移動的基本形

　　繼續談談別的東西。請各位看看圖 5- ①。這是某家公司的股價，一開始買進該公司股票的人，多於賣出的人。股價上漲一陣子後，漲勢停了，股價變成走平。

　　這是什麼樣的現象呢？

▼圖 5 - ①無論短期、中期、長期，股價都易於形成此形狀

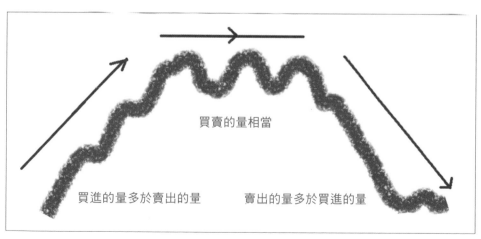

買賣的量相當

買進的量多於賣出的量　　賣出的量多於買進的量

　　各位應該已經清楚了吧？大批的投資人買進的結果是，想買的人已經買到了，所以還想買的人變少了。在這之後發生的事是，賣的人慢慢變多，最後股價就轉跌了。

　　圖 5- ①這個形狀極為重要。成交量還算多的個股，無論短期、中期或長期，股價的動向都會呈現這樣的形狀。買的人多於賣的人，所以上漲。接著，買的人與賣的人差不多，形成拉鋸。再接下來，變成賣的人多於買的人，股價下跌。

　　當然，在股價拉鋸走平的時期，股價就算有跌也會再反彈。而一旦買進量變多，股價就漲。這種狀況下，會變成把圖 5- ①的梯形整個反過來的形狀。

　　好，現在請看看圖 5- ②。試著拿蠟筆沿著日線描看看，雖然沒有很整齊，但股價確實是一直在漲漲跌跌。若從圖 5- ①的觀點重新審視，會變成圖 5- ③。

▼圖 5- ② 9404 日本電視台控股 2014/4/9 ～ 2014/11/14 日線圖

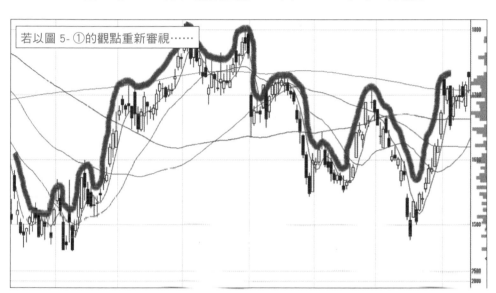

若以圖 5- ①的觀點重新審視……

▼圖 5- ③從圖 5- ①的角度重新審視圖 5- ②

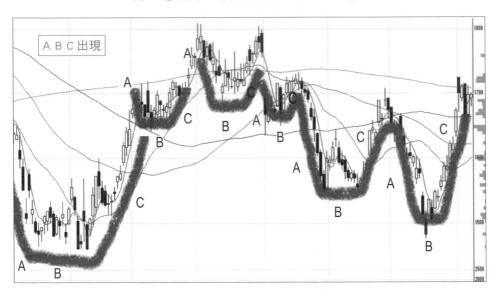

▼圖 5- ④再調整觀察角度，出現了一個大大的圖 5- ①

利用基本形解讀趨勢

把賣出的數量較多，因而下跌的部分標為 A，買賣拉鋸（走平）的部分標為 B，而買進的數量較多，因而上漲的部分標為 C。

在圖 5-③的八個月期間，都是反覆地由 A → B → C 所構成的。也接連出現把圖 5-①的梯形整個倒過來的形狀。很驚人吧！

接著請看看圖 5-④。這張圖和圖 5-②、圖 5-③是同一張圖。圖 5-③是小 A-B-C 的反覆出現，現在要從稍微宏觀的角度來看。

這時會發現，圖中出現了一個大大的圖 5-①。絕大多數在東京證券交易所上市的個股，股價的變動可以說都會出現這種形狀。

不過，成交量較少的個股不會這樣。

講得有點長，但以上就是第一個要點：「要學會解讀『股價趨勢』。」

正如到這裡為止我所說的，一旦知道股價的動向是以圖 5-①為基本形，要解讀其趨勢就變得極為容易了。

學會解讀趨勢後，交易會變得非常容易。大家加油吧！

要點②：
好好鑽研！「部位操作」

　　我想，大多數朋友都能認同，一旦能夠預測前面提到的「股價**趨勢**」，就會變得很容易獲利。

　　但實際買賣股票過就會知道，光靠這樣還是很難持續致勝下去。預測充其量就是預測而已，並不會百分之百都照著預測走。

　　明知如此，教大家股票投資的書，卻經常介紹一次買進、一次賣出的交易方式。看在我的眼裡，那根本不出賭博的層次，至少稱不上是專業級的交易。和這種一次買進、一次賣出完全相反的，就是我要講的第二個要點：

　　「部位操作」

　　所謂「部位操作」，如同我在前面第三章所講的，同時保有買進與放空的股票，視狀況的變化而調整持有量。在進行多次的買賣，將交易帶往好的成果的過程中，那一連串的買賣都是「部位操作」。只要妥善運用這「多次的買賣」，是可能把預測的誤差抵銷掉的。

　　在此先介紹一下外行人常見的交易手法。例如，假設某個股的股

價跌了不少,現在開始反彈,因此以每股 1,000 日圓買下 1,000 股。但在漲了兩天後,又開始下跌……這種時候,該怎麼做才好?

停損的陷阱

在許多教你投資的書當中,都會寫到「停損是投資的訣竅」。

但那是錯的。

100 萬日圓的投資,跌了 5%,所以停損,損失 5 萬日圓。然後,補款 5 萬日圓,又以 100 萬日圓展開投資,跌了 5% 又停損,然後又補款,跌了 5% 又停損……

像這樣停損 20 次後,不知不覺間就虧掉了初始的本金 100 萬日圓。再者,假如下跌 5% 後,又重新開始漲,這時因為已停損賣出,後悔也來不及了。這種投資方式,稱不上聰明。

那麼,除了停損之外,有沒有什麼有效的投資方法呢?

有一種方法是,繼續保有持股,等待股價反彈。

但這支個股原本就是以為會漲才買進的,現在跌了,所以才無可奈何地繼續持有。這樣的狀況不就是套牢嗎?這樣的作戰方式,很難稱得上「能夠帶領著你創造投資成果」。

就算後來股價反彈而獲利了結,也不過是結果論而已,大家需要
的是另一種能夠導向創造成果的方法。

「等到漲勢穩固了再多買進一些」的陷阱

接著還有個例子,請大家想想看。

「由於股價跌了不少,現在開始漲了,所以買進 1,000 股。隔天
與後天也同樣上漲,而且似乎會再漲。由於對這檔股票很有信心,因
此追加買進 3,000 股。合計的持有股數變成 4,000 股。」

▼圖 5-⑤就算確實漲了,也不見得會一直維持下去

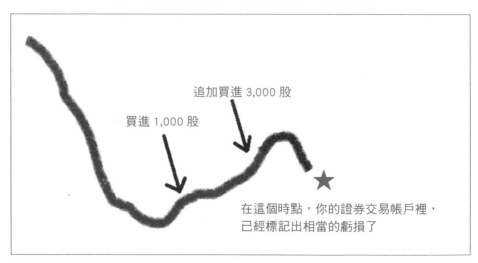

追加買進 3,000 股

買進 1,000 股

在這個時點,你的證券交易帳戶裡,
已經標記出相當的虧損了

這是很常見的買賣方式，談股票投資的書也經常介紹到。

書裡會寫些「訣竅在於，一旦確定股價上漲，就多買進一些」之類的內容。

這聽起來確實有些道理，但假如持續這麼做下去，非但無法得到想像中的獲利，甚至於可能虧損。

請各位看圖 5- ⑤。一開始，買進 1,000 股，然後在更貴的時點買進三倍的股數 3,000 股。其後，光是股價跌到圖中★的地方，你的證券交易帳戶的一覽表當中，就會標示出相應的虧損了。在 4,000 股當中的 3,000 股，是在股價相對高點買進的，因此也把這 4,000 股的平均買進成本給拉高了。其後只要股價再跌，虧損會更為擴大。

停損是錯的，「等到開始上漲後再多買進一些」也是錯的。那麼，要怎麼做才對呢？

困惑時就做避險的放空

別擔心！有方法可以避開前面提到的這些負面效應。

請看圖 5- ⑥。

①的地方代表跌到一個程度開始有反彈跡象，因此買進。所謂的部位就是前面講過的，目前保有股數的比例，由於買進 1,000 股，部位變成 0：1。

本來認定會漲所以買進，沒想到再次下跌，跌破了圖中的橫線（上次的低點）。但考量到不久的將來還是會漲，所以不想出清手中持股，想要繼續持有。

這時該怎麼辦？也有可能就這樣繼續跌，假如只是保有，風險很大。

在②那裡，放空 1,000 股。這樣部位就變成 1：1（放空 1,000 股，買進 1,000 股）。無論漲還是跌，都不會有問題。

怎麼樣？不覺得這樣的處理很棒嗎？

這裡的放空就是前面曾經介紹的「避險性放空」。為了不讓買進股票的獲利因為股價下跌而減少，或者為了不讓虧損再擴大，因此透過放空掛保險。

▼圖 5- ⑥作為保險用的放空之實例

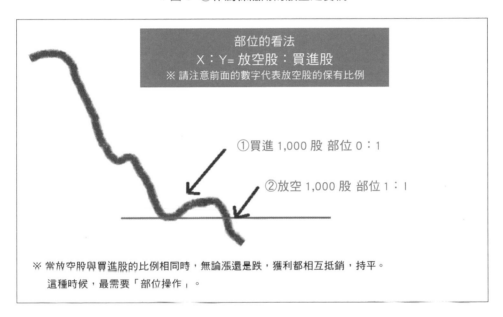

部位的看法
X：Y= 放空股：買進股
※ 請注意前面的數字代表放空股的保有比例

①買進 1,000 股 部位 0：1

②放空 1,000 股 部位 1：I

※ 常放空股與買進股的比例相同時，無論漲還是跌，獲利都相互抵銷，持平。
  這種時候，最需要「部位操作」。

別把輸贏賭在一次的交易上！

請看圖 5-⑦。這是延續圖 5-⑥的其中一種戰略。

在③的地方判斷股價止跌，追加買進 2,000 股。這樣部位就成了 1：3（放空 1,000 股、買進 3,000 股）。之所以保留放空，是因為無法否認有下跌的可能性。

④超越了之前最近的高點。由於下跌的可能性大幅降低，結清空頭部位，追加買進，部位變成 0：4。

⑤在④的買進後固然下跌，但因為再次反彈，又追加買進。部位變成 0：5，再來就跟著後面的上漲趨勢了。

這裡的①～⑤的一連串買賣動作，就叫作「部位操作」，有沒有覺得「部位操作」是一種很專業的技巧呢？

不求一次到位致勝，而是透過多次的操作，分批買賣以致勝，這和圍棋或將棋很像吧！由於不是孤注一擲，無論出現任何情勢，都可以因應。

▼圖 5- ⑦延續圖 5- ⑥的「部位操作」之一例

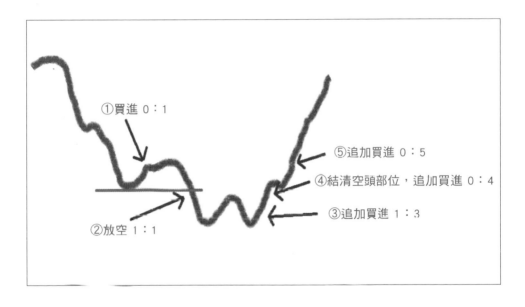

①買進 0：1

⑤追加買進 0：5

④結清空頭部位，追加買進 0：4

③追加買進 1：3

②放空 1：1

　　要想在股票交易中持續獲利，固然必須學會解讀「股價趨勢」，但光是這樣依然不夠，還必須精通於「部位操作」才行。或許你會覺得：「我做得到這些嗎？」但你沒問題的。

①學會解讀「股價趨勢」

②學會「部位操作」

　　「相場流」投資的這兩大要點，只要透過練習，任何人都能學會，一切只取決於練習量的多寡。只要練習，無論碰到何種行情，都一樣能夠致勝，因此怎麼可以不練習呢？

　　有沒有覺得眼前出現了光明燦爛的希望之光呢？

何謂停損？

　　雖然出現帳面虧損，但依然果斷地予以賣出，稱為停損。

　　當解讀失準時，要是不狠下心來停損，有時候可能讓虧損擴大。而且，愈是新手愈無法狠下心來停損，一直猶豫不決地保有持股，很可能因而被套牢。因此，很多人都說：「停損是投資的訣竅。」

　　但基本上，會鼓吹此事的那種投資書籍，都是以一次買進、一次賣出或順勢操作作為討論的前提。

　　不過，在本書中，討論的前提是「部位操作」，也就是視情勢的不同調整買進與放空的部位，因此並不認為「停損是投資的訣竅」。

Chapter **6**

解讀「股價趨勢」：實踐篇

好好鑽研「移動平均線」的用法！

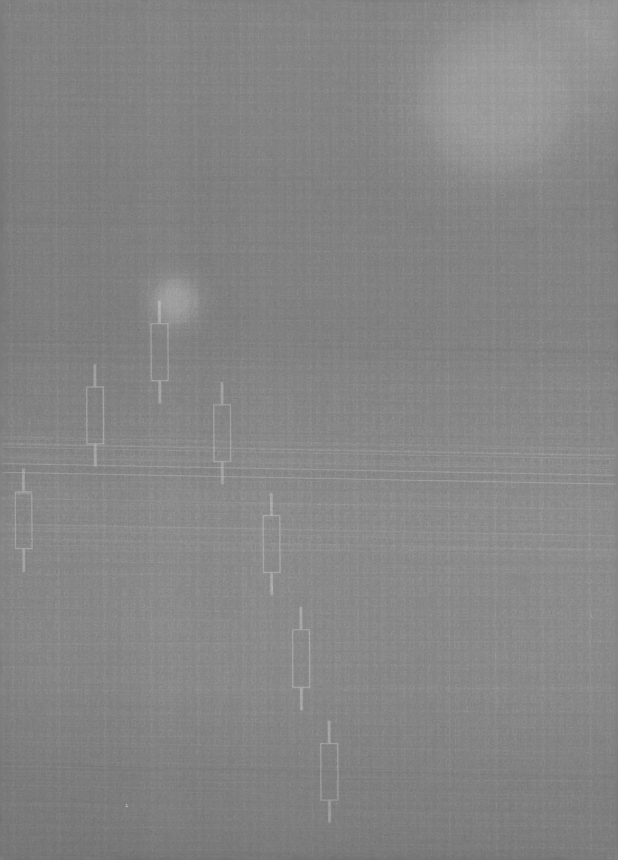

探知股價的底部

接下來會變得有點困難，但請各位努力跟上。只要鑽研過這個部分，就會有美好的未來在等著你。

再說，如果你讀過本章一次後就馬上理解，那我可要對你說：「把我的 40 年還給我。」

請各位一讀再讀，對本章的內容建立深入的理解吧！

也許不是只讀一次就能理解的內容，但不到無法理解的地步。

那麼就開始吧。

這裡需要用到的工具有二：

①「移動平均線」（5 日、20 日、60 日、100 日、300 日之「移動平均線」）

② K 線

這些會是今後你一輩子持續獲利的重要工具。對於鑽研技術的「股票專業職人」來說，這工具是不可或缺的。

　　請看下頁的圖 6- ①。這張圖顯示的是，股價自開始下跌起形成底部，再慢慢反彈的過程。基本上，任何一個國家的股票，股價都會像這樣變動。

　　趨勢如下所述：

下跌→底部→上漲的基本形

①股價一度觸頂後開始下跌。

②～③連續兩天黑 K。

④第四天時，雖為黑 K，開盤價卻高於 5 日均線。雖然收盤價低於 5 日均線，但這已是重大的變化。

從這裡開始請留意接下來上升的狀況，並持續觀察。

⑤出現了好幾天沒看到的紅 K。這也是變化，似乎出現了再往上漲的機運。

⑥的地方又出現了黑 K。看在外行人眼裡或許會很失望，但看在專家眼裡，這也是趨勢當中本來就會出現的現象。OK 的！

⑦變成紅 K 了。

⑧這次雖為黑 K，但再次突破 5 日線。差不多了吧！

⑨又來一根紅 K。這陣子每隔一天就出現紅 K，是個好兆頭。

⑩雖為黑 K，但又漲破 5 日均線了。

⑪連續兩天全天都漲破 5 日線，而且是連續紅 K。這樣已經沒問題了。

⑫這根黑 K 就忍一下。

⑬果然又出現了長長的紅 K。已經篤定了吧。

▼圖 6- ①下跌→底部→上漲的基本形

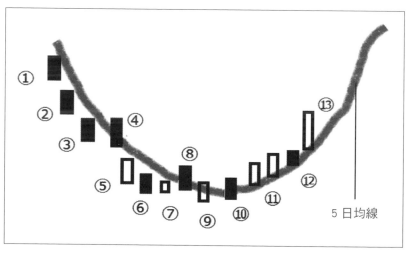

如何呢？慢慢下跌而來的股價，基本上都會像這樣變化，**觸底後反彈**。

在④的地方，連續三根黑 K 後，出現了一根漲破 5 日均線的黑 K。在實際交易中，可能不是連續三根黑 K，而是連續兩根，或是連續五根也有可能。

不過，要請各位理解的是，在下跌的過程中，會不斷出現變化而後逐步止跌。

請看看在東京股市上市的各種個股的圖表，確認一下。或許沒有到完全相同，但應該看得出箇中存在著像這樣的基本形。

從 5 日均線與 20 日均線的關係觀察

下跌→底部→上漲

請看圖 6- ②，這是 5 日均線與 20 日均線。

請仔細研究一下在這張圖中兩條均線間的關係。我再強調一次，思考是對你有助益的。

以下是我研究的結果：

①正在走跌的 5 日均線，首次觸及 20 日均線，但是仍繼續下跌。

②的地方，5 日均線二度觸及 20 日均線。這時，5 日均線稍稍高
　過 20 日均線，有幾天的時間在 20 日均線的上方滯留，但其後
　又跌了。

③ 5 日均線再次超越 20 日均線。這是自起跌以來，5 日均線第三
　度觸及 20 日均線，也是第二度超越 20 日均線。這次也許會就
　這樣反彈。

這個狀況也有可能再下跌一次後再次反彈，然後才真正上漲。應
該觀察的是，之後再跌的時候，跌幅是淺是深。

④噢！③之後的下跌在④的地方止住了。也就是說，沒跌破上回
　低點。總算要轉漲了嗎？

⑤第四度觸及 20 日均線。接著直接上漲。

⑥ 5 日均線已經看不出有低於 20 日均線的樣子。

▼圖 6-② 5 日均線與 20 日均線的交錯情形

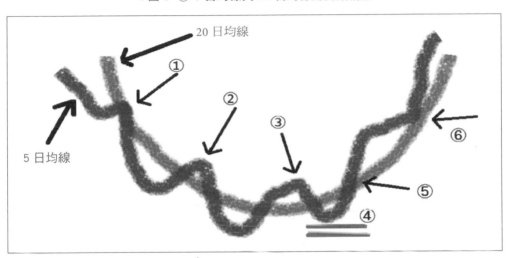

如何呢？①～⑥的轉折是不是很像故事劇情呢？

一直到真正上漲為止，5 日均線四度觸及 20 日均線，但實際上也可能是兩次或五次。只不過，趨勢大致上會是這個樣子。

那麼，就來看實際的線圖，驗證一下吧。

從 20 日均線觀察股價的衰退過程

請看看圖 6- ③。以大圈圈框起來的地方，就是股價往 20 日均線跌的地方。

①開始上漲，接著首度朝 20 日均線下跌的地方。好不容易在維持未觸及 20 日均線的狀況下止跌。

▼圖 6- ③ 4751 CyberAgent 2012/11/22 ～ 2013/3/6 日線圖

②第二次下跌。在觸及 20 日線的地方止跌。

③第三次就跌破 20 日均線了。

④完全跌破 20 日均線。其後，又跌破 60 日均線，在 100 日均線
　的地方總算止跌。

在此希望各位重新注意的是，股價的衰退過程。

若以 20 日均線為基準，5 日均線在①的地方很貼近它，在②的地
方觸及它。接著在③的地方跌破它，在④的地方更是跌破它甚多。很
明顯可以看出，股價相對於 20 日均線慢慢地衰退。

請看圖 6　④。和前面一樣，以 20 日均線為基準觀察衰退過程的
話，可以發現，同樣呈現以下四個現象：

①在 20 日均線附近止跌。

②觸及 20 日均線。

③跌破 20 日均線。

④大幅跌破 20 日均線。

▼圖 6-④ 9048 名古屋鐵道 2011/12/28 ～ 2012/4/16 日線圖

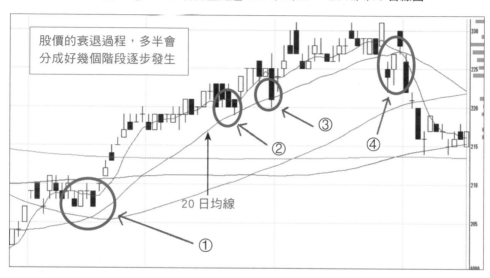

各位難道不覺得，這些現象可以當成解讀「股價趨勢」的好工具嗎？

當你想要靠放空獲利的時候，你一面觀察到股價上漲，也會一面做出「現在已經漲了不少，但下跌時與 20 日均線接觸的次數慢慢變多了。這次是第三次了，到了第四次或第五次，搞不好就會大跌了」之類的預測。

並用可創造乘數效果

在 20 日均線之外，假如再並用其他方法，將可進一步提升精確度。這一點是很重要的。

例如，若再加入「股價的漲勢，到了第三個月或第六個月時會暫時止住」這樣的轉折天數特徵，將可更精確地解讀前面的 CyberAgent 和名古屋鐵道的線圖。

請回到圖 6-③與圖 6-④確認看看，這兩檔個股，開始上漲到了第三個月附近，就開始由漲轉跌，對吧？

還有就是要配合對「股價趨勢」的解讀，慢慢進入「部位操作」的領域，像是如何安排放空等，而且要分成多次安排，這才是專家的投資了法。

好了，我們已探討過 20 日均線這種工具的用法了。直覺過人的你，可能已經想到，「5 日均線、60 日均線，以及 100 日均線、300 日均線，應該也是類似的用法吧？」

正是如此！

要想成為「股票專業職人」，養成像這樣的思考方式，是極其重要的。

運用「移動平均線」將股價故事化

那麼，就來看看 60 日均線、100 日均線以及 300 日均線吧。

這次會有點複雜，但在實際交易當中，這種程度是理所當然的。

請各位不必擔心，因為這一樣也是習慣就好，沒有人是在一開始就完全搞懂的。

那麼，請看圖 6- ⑤。

利用 60 日均線與 100 日均線故事化以解讀線圖。

股價在①②③的長期下跌後，出現了止跌狀態。期間雖然多次試圖漲破 60 日均線，但都失敗。

到了④，總算漲破 60 日均線，雖然並未漲到 100 日均線處，但在⑤⑥的下跌也沒有跌破 60 日均線。股價的底部慢慢變高了。

這附近開始慢慢產生變化了，圖表還真厲害啊！

到了⑦，終於順利漲到期盼中的 100 日均線處。在⑧到達 100 日均線後，先是跌了不少，但並未跌破過去低點，又重現漲破 60 日均線的狀態。

到了⑨，先前在⑦的地方未能漲破的 100 日均線，在此終於漲破了。這時，所有「移動平均線」都在股價之下。⑩的地方雖然跌破 5 日均線，但沒有跌到 20 日均線處就反彈回升。接著，就慢慢大漲上去了。

這個例子也一樣，可利用「移動平均線」，把股價的變動故事化。

東京股市的幾乎所有個股，從過去股價的變動，乃至於未來股價的變動，都可以找到這樣的故事情節。也就是說，只要你熟練，某種程度是能夠解讀「股價趨勢」的。

這種程度的解讀，目前我和我的學生們都能做到。

▼圖 6-⑤ 7203 豐田汽車 2008/12/30 ～ 2009/4/21 日線圖

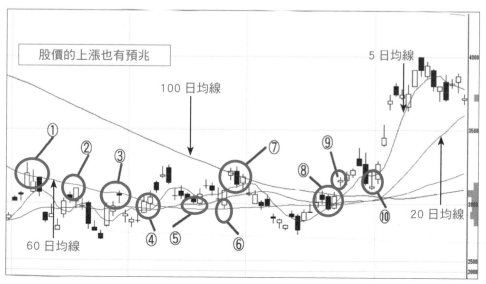

我們再趕快看下去吧。請先看以下這張圖。

▼圖 6-⑥ 7453 良品計畫 2006/4/6 ～ 2006/8/29 日線圖

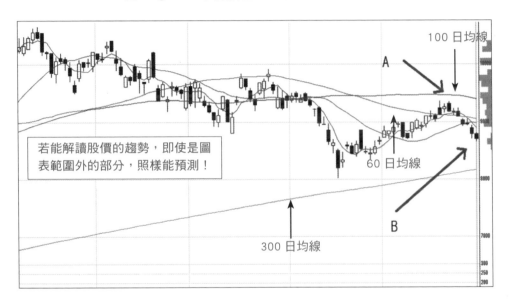

預測圖表範圍外的動向

這張圖的最左側日期是 2006 年 4 月 6 日。光是解讀圖和「移動平均線」，依然能夠某種程度看出早於這個日期之前的變動，以及在圖的最右側日期 8 月 29 日之後的變動。來試試看吧！

首先，分析一下圖中發生的事：「由於 300 日均線位於 K 線下方，此個股的股價在過去 300 個交易日中，也就是在過去 15 個月內，即便漲漲跌跌，整體來說還是漲的。上漲達 15 個月後，股價跌破 60 日均線，慢慢朝著 300 日均線跌去，也就是說，比較大的上漲行情，在這附近應該是暫告止歇了。接著在 A 的地方，股價已經漲不破 100 日均線了。」

接下來要針對圖表範圍外的部分預測其動向，也就是箭頭 B 的地方，下跌態勢的後續變化。

　　「B 處的下跌應該會暫時止住，反彈回升吧。但這時的反彈一定不會上到 100 日均線處就又回跌了。此一回跌，搞不好會大幅跌破 300 日均線。因此，B 之後的上漲應該只是暫時的，是一個分批做空（在股價上漲時操作放空）的機會。放空 3,000 股，只要一如預測跌到 300 日均線處，300 萬日圓獲利就穩了，期間應該在十天左右吧。也同時對呈現類似變動的另外四檔股票操作放空。所以在這十天期間內，一共可望創造 1,500 萬日圓左右的獲利。」

　　只要搞懂本書所有內容，再好好練習，就能學會這種程度的解讀。雖然仍有許多解讀「股價趨勢」的技巧，但限於篇幅，就先介紹到這裡就好。

　　那麼，接著來看看解讀「股價趨勢」的練習題。

解讀股價的練習①

請看圖 6-⑦。最右端是 2014 年 12 月 19 日，請試著預測其後的未來股價動向。而且不只一種預測，還必須考量到存在著各種可能性的多種型態。

首先，請各位思考看看，把至今學到的東西全都拿出來用吧。要想成為專家級股票作手，用自己的腦袋思考，是極為重要的。

頭腦好的人，會認為「不同型態就背起來不就好了」。但這麼做是錯的，這樣子是無法進步的。只會把不同型態背起來的人，就失去成長的可能了。背誦的人，腦袋一旦理解，就會以為「這樣我就已經消化了」，覺得自己學會了。但實際操盤就知道，真正交易時根本完全派不上用場。

技術有個特點在於，就算你的腦子已經理解，也不表示你做得到。搞懂和做得到是兩碼子事。

要想學會技術，首先需要的是次數。因此，不該背下型態，而是一而再再而三地努力思考。我是根據自己 40 年的經驗才這麼說的，

▼圖 6- ⑦ 4902 柯尼卡美能達 2014/9/1 ～ 2014/12/19 日線圖

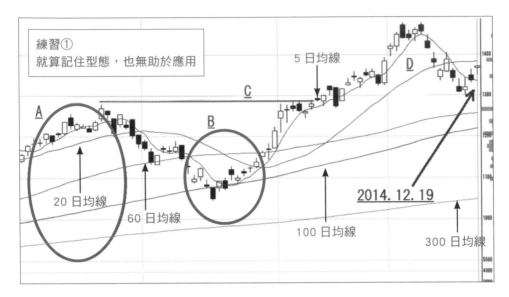

就先當個笨蛋，老實地反覆執行吧。

好了，要觀察的點包括：

① 「移動平均線」的排列情形

② 上漲期間（轉折天數）

③ 至今的「股價趨勢」

④ 20 日均線與股價的關係

　　那麼，以下提供我個人的看法：

實例研究① （再把圖 6- ⑦拿出來一次）

1. 觀察「移動平均線」在 A 處的排列情形，從最下面起分別是 300 日
   均線、100 日均線、60 日均線、20 日均線，最上面是 5 日均線這樣
   的順序。

　　股價位於 300 日均線上方，而且位於頗為上面的地方，這代表著
過去 300 個交易日期間，雖然漲漲跌跌，整體還是往上漲的。一旦持
續上漲，就會有許多人保有未實現獲利，存在著一種「只要有什麼因
素引發，就有可能全數一起獲利了結」的傾向，必須多加注意。

2. 在 B 的地方，長期上漲至今的股價，跌至 100 日均線處，然後再度
   上漲。根據前面教過的內容來看，今後要是跌至 100 日均線的次數
   變多，行情有可能會隨著次數的增加而走下坡。

3. C 的地方代表著開始自 B 的上漲，漲破了 A 處上漲的高點。

4. 若以 B 做為底部所在的月份，以 D 為頂層的上漲，就相當於上漲第
   三個月。在上漲第三個月這樣的轉折天數，有可能差不多到了要考
   量下跌可能性的時候了。

　　問題在於「圖中最後面那裡，下跌跌破 20 日均線後，會呈現上漲或下跌？」

　　若以 1 ～ 3 為背景，4 為主要的原因，我會有以下這樣的看法：

　　要是在這次的上漲過程中，有黑 K 出現在 20 日均線附近，出現下跌兆徵的話（具體來說就是出現黑 K、出現缺乏突破 20 日均線氣勢的 K 線排列），下次的下跌就有可能跌到 60 日均線處，或是到 100 日均線附近為止。

▼圖 6- ⑦ 同前圖

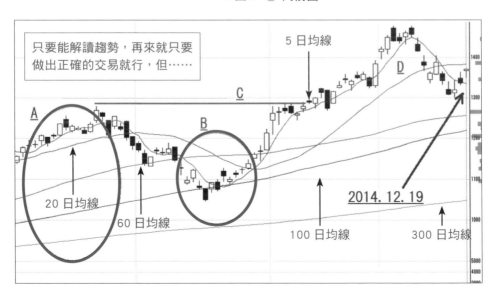

　　但這次的上漲如果漲破了 20 日均線，就必須持續觀察兩種可能的情形：一種是仍無法超越上回的高點 D，一種是順利超越了 D。

　　要是你的腦中浮現一個疑問：「我理解你的看法了。那麼，實際上應該在哪個時點買進賣出才好？」

　　那你很厲害，這個部分極為重要，也是一種「部位操作」。

　　就算看出「股價趨勢」，但要是不知道該在哪個時點怎麼買、怎麼

▼圖 6-⑧ 4902 柯尼卡美能達圖 8-⑦的後續演變日線圖

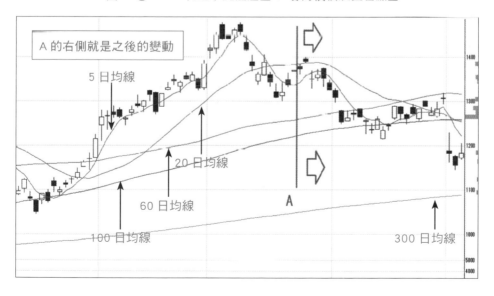

賣（結清），就無法連結到實際利益上。雖然我很想舉實際交易的例子，但那偏離了本章的主旨，因此我們就姑且看看其後的實際變動吧。

圖 6- ⑧中 A 的直線右邊的部分，就是先前研究過而預測的變動。實際情形是跌到破 100 日均線的地方。

要是這裡的上漲漲破了 20 日均線，戰法依然如同前面介紹的實例那樣。

這種程度的東西，你也能夠學會解讀，但就看你練習的狀況如何了。

那麼，再問第二題。

解讀股價的練習②

▼圖 6-⑨ 9101 日本郵船 2012/6/28 ～ 2012/11/19 日線圖

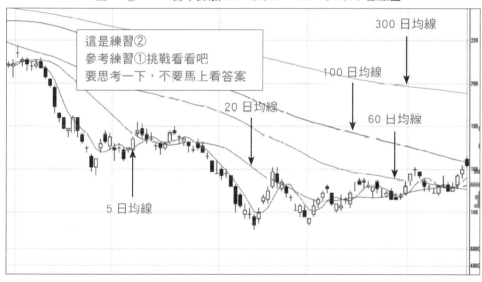

請預測圖 6-⑨當中 11 月 19 日之後的股價變動。請參考練習①，
試著挑戰練習②。

　　那麼，以下是我的看法。請看圖 6- ⑩。

　　比①往前約一個月，有個漲破 20 日均線的地方（α）。①的後面再度漲破 20 日均線。其後下跌到②為止，但和①的低點水準相當。這次的止跌對上漲來說是好兆頭。請培養出這樣的觀察力。

　　接著，在③的地方再次漲破 20 日均線。

　　①與②之間漲破 20 日均線（β）與③漲破 20 日均線相比，期間變得相對較短。在③的時點若能產生「下次回跌若較淺，這一帶就是打底期間（接續上漲的底部期間），股價準備要上衝了。」的想法，你眼前通往專家的道路就更寬廣了。

　　請看④的地方，一如預期，並未跌到之前的低點，而且跌破 20 日均線的期間非常短，這樣就是強勢。

　　接下來的⑤超越先前的高點③了。只差一點，就靠近 60 日均線了。在此你的看法如果是「接著的回跌有可能不會跌破上次的低點④。至於下次回跌後的反彈，應該可望漲破 60 日均線吧」，那你就是專家級的了。

▼圖 6-⑩ 在圖 6-⑨中增加標示

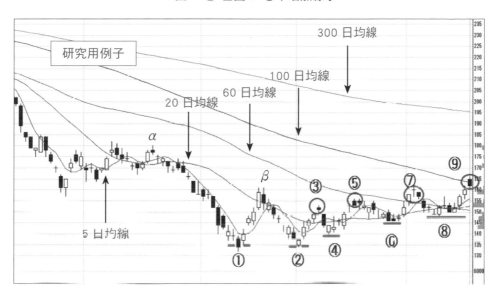

實際狀況就是⑦那樣。⑧也沒有跌到⑥以下的價位。接下來的回漲可以衝到 100 日均線處。若從股價與 20 日均線間的關係重新看待這三個月期間的股價變動，可以看出在 20 日均線下方的「滯留期間」慢慢地在縮短。

自⑨起回跌的底部若沒跌破 20 日均線，①～⑥的漫長打底期間就結束，有可能轉為較大的上漲局面。

▼圖 6- ⑪其後的股價動向

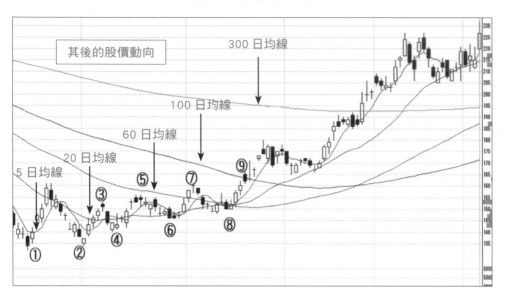

或者，也有可能在⑨之後再次進入下跌局面，跌到①、②的水準。

差不多就這樣吧。圖 6- ⑪就是其後的實際變動情形。

今後碰到各種線圖時，請持續不斷地練習解讀「股價趨勢」。練習是不會背叛你的，你也一定會變厲害。我就是靠著練習到達現在的層次。我的學生當中，有長足進步的人，毫無疑問都是大量練習過的。

我在本章介紹了專業操盤手解讀「股價趨勢」的基本手法，這同時也是我希望各位理解並多加練習的東西。

真的要研究起來，還很深奧呢。就先講到這裡。Fight！

NOTE

Chapter 7

部位操作①

利用底部與頂部逆勢操作

順勢操作與
逆勢操作的定義

我在前一章介紹了預測「股價趨勢」的基本手法，也讓各位做了一些練習。

那時我也強調，要想利用股價的漲跌獲利，即使已經懂得預測「股價趨勢」，但如果不懂「部位操作」，就無法創造利益。

在此我想再次向各位點出：

1. 學會解讀「股價趨勢」

2. 研究「部位操作」

這兩件事，是利用股價漲跌獲利的兩大重點。各位的學習目標，要鎖定在這兩件事上。本章要談的是「部位操作」。

在那之前，請再看一次第五章的圖 5- ⑤、圖 5- ⑥、圖 5- ⑦。這是重點！

我想，有八成的人大概不會翻回去看吧。假如我站在各位的立場，也是會這樣的。

　　由於已經某種程度理解了，心理上當然會想要快速往下讀。但這本書並非可以輕鬆閱讀的讀物，它是一本用來學習技術的書，是「技術書」。技術必須要一步一腳印地累積，才能真正學起來，請各位按部就班地學習。因為已經看過太多學生，我很清楚唯有如此，最後才能順利。

　　好了，在介紹操作的基本手法前，先來定義一下順勢操作與逆勢操作吧。

　　在各位讀者當中，有沒有人抱持以下的認知：

　　順勢操作就是：在想要透過買進獲利時，自股價開始上漲後再買進股票。

　　逆勢操作就是：在想要透過放空獲利時，自股價開始下跌後再放空股票。

　　這樣的定義是錯的！

圖 7- ① B 的順勢操作較為慎重

投資人 A 買進

投資人 B 買進

④

③

②

①

何謂順勢操作

請看圖 7- ①。這裡的 A 與 B 都是順勢操作的買進方式，二者都是在股價開始上漲後才買進的。

投資人 A 在股價從①處開始上漲，接著下跌時，在②的地方止跌後的反彈時出手買進。也就是說，由於沒有跌到①那條線的地方，所以買進。這麼做滿有策略的。

投資人 B 在看到股價由②開始上漲，超過④之後，接著回跌時，沒有跌破②的價位，在③的地方止跌，因此出手買進。投資人 B 的買進手法比投資人 A 來得更謹慎。

那麼，B 是一位比 A 還優秀的投資人嗎？那倒不是。因為 B 的買

圖 7- ② B 的交易方式是逆勢操作？

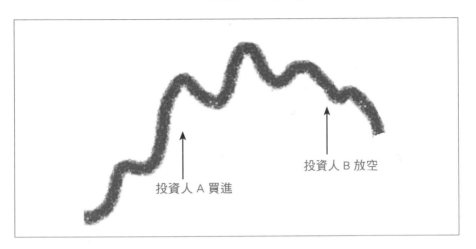

投資人 B 放空

投資人 A 買進

進價位比較高。A 由於較早買進，壓低了買進價格，而且後面也得到比 B 還多的上漲幅度。股價的上漲是有的，B 沒有出手只是一直觀察，也因而損失了一些利益。再者，在 B 買進的時點，已經漲了不少了，因此也有可能差不多要由漲轉跌了。

A 與 B 都是順勢操作，這一點是可以先確定的。

接著請看圖 7- ②。A 是順勢操作，那 B 呢？若根據前面的定義，這是逆勢操作。因為這是從開始下跌後，試圖藉由放空獲利。

但其實，這也是順勢操作。也就是說，順勢操作的真正意義在於，「等到股價開始漲（跌）之後，才為了獲利而買進（放空）」。有所誤解的朋友，請在這裡記好這一點。

何謂逆勢操作

那麼，逆勢操作又是什麼意思呢？請看圖 7- ③。

B 的放空是順勢操作。因為在很明顯確知是下跌行情當中布局放空。那麼，A 的放空又如何呢？這就是逆勢操作了。

A 是在股價還沒開始跌的時候，就已經布局放空了。A 預測到股價的**趨勢**會是先漲後跌。也就是說，逆勢操作的意思就是，「當股價上漲（下跌）時，事先預測到**趨勢**的轉折點，而布局放空（買進）部

圖 7- ③ A 為逆勢操作，B 為順勢操作

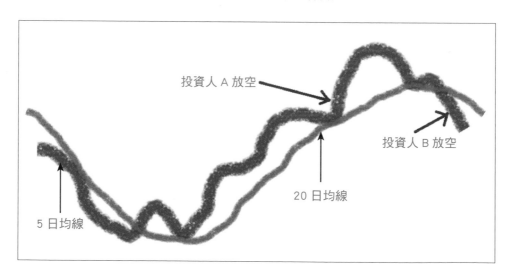

位的一種手法」。

「分批做空」（在股價上漲時，逐步布局放空）與「分批做多」（在股價下跌時，逐步布局買進）的「部位操作」手法，都是逆勢操作。

順勢操作、逆勢操作的說明如上。包括我在內，股票投資專家有九成都採逆勢操作。

這時，各位的腦中會產生一個疑問：

「為何逆勢操作才是專家手法呢？以圖 7- ③來說，像 B 那樣，等到確知下跌時再放空，不是比較有把握嗎？」

要解答這個問題，請看後面的圖 7- ④。這次，要介紹的不是一次放空，而是分成好幾次布局，採取一種更為貼近專業投機者技巧的放空方式。

為何九成專家都逆勢操作？

　　放空①～③是投資人甲先生分三次放空的情形，同樣的，放空A～C則表示投資人乙先生分三次放空的情形。

　　甲先生著眼於兩件事：股價在約兩個月期間呈現漲勢，以及股票自開始上漲後二度碰到 20 日均線。在第二次碰到 20 日均線後上漲時，甲先生第一次放空。其後，在漲勢即將進入第三個月的 5 月快要到來時，股價開始急漲，甲先生視之為下跌機會，第二次放空。接著因為股價來到一大「整數關卡」500 日圓，又操作第三次放空。

　　甲先生這次是根據以下三件事預測轉折點，逐步布局放空：

①股價的上漲期間（轉折天數）

②股價呈現急漲（常見於上漲期間的最後）

③畫分出不同價格區段的股價「整數關卡」（常成為買賣的目標　值）

這是非常專業級的交易。

圖 7-④逆勢操作的甲先生，獲利較多

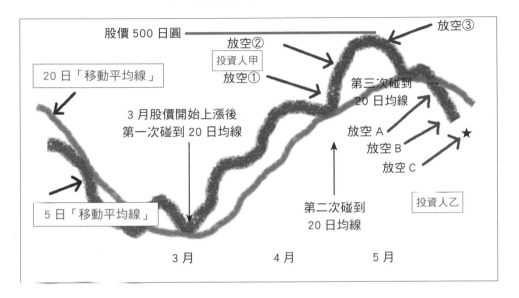

接著，來試著分析乙先生的交易，放空 A ～ C。他是在股價明顯開始下跌後第一次放空（放空 A）。接著，由於股價繼續跌，出於「已逐漸形成跌勢」，他又第二次放空（放空 B）。看到股價續跌，覺得心安的他，又第三次放空（放空 C）。

在這樣的情形下，甲先生是逆勢操作，乙先生是順勢操作。從圖中★的時點來看，很明顯可以看出何者的獲利較多。甲先生在股價全面轉跌時，已經完成放空的布局了，因此可賺到較多利潤。

這樣各位可以了解到，為什麼專家絕大多數都採取逆勢操作了嗎？

逆勢與順勢操作並用

話說回來，雖然我支持逆勢操作，但我有時也會順勢操作。為什麼？原因很簡單，因為很容易操作，又有賺頭。

舉個例子，假設投資人的交易狀況像是圖 7- ⑤所呈現的那樣（但高手不會採取這麼單純的買進方式）。

①～③放空。這些都是在股價跌勢中的交易，因此是順勢操作。

④買進。這就有點不好區分了。固然是股價開始漲之後才買進的，但是就買進時的感覺來看，很難說會不會再漲，可以視為是逆勢操作。

⑤買進。這是在股價突破 B 這個高點後，覺得安全才追加買進的，屬於順勢操作。

⑥買進。由於已突破 C 這個高點，因此追加買進。是在高過 C 點時買進的，所以是順勢操作。

⑤和⑥並未跌破先前的低點，但是又突破先前的高點，因此是剛進入上漲趨勢的初期階段，所以可預期會有相當的利潤。

　　雖然早年的投機客都說「絕對不要順勢操作」，但這樣可以操作的局面會比較有限。

　　依我之見，與其這樣，還不如在可以相對較安全的多賺一些利潤的情形下，來點順勢操作，也無不可。只要同時善用順勢操作，將可為逆勢操作的利潤錦上添花。我認為問題在於，要在什麼時機進場？是否能確保一旦苗頭不對，就能即刻抽身？

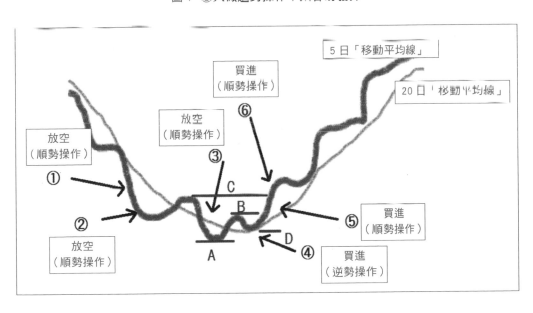

圖 7- ⑤ 只做逆勢操作不太容易發揮

解讀「下下步」的能力

要透過逆勢操作獲利，需要的是解讀「下下步」的能力。

逆勢操作必須在趨勢轉折點之前就布局放空（買進），因此會需要解讀「股價趨勢」的能力。必須要能隨時想到接下來的發展才行。

但趨勢這種東西是連續的，假如光是想到可能的下一步，涵蓋的範圍還是有限，設想「下下步」是很重要的。

請看圖 7- ⑥。假如 B 的時點是自己此時的交易，你會想到什麼？外行的投資人大概只會想到「B 的上漲會不會持續」吧。但專業投資人至少會想到：

「這波上漲後回跌時，假如沒跌破低點 A 而止跌，那麼接下來反彈時就很可能成為上漲趨勢中的上漲波段！」或是「在那之後或許會回跌一次，假如沒跌太深就又反彈，那會漲不少吧。」

這就是，解讀「下下步」。

當然，到了 C 的時點，又必須繼續設想 D、E（甚至 F）等「下下（下）步」，並想像到時候應採取的最佳作法。也就是說，不是只有解讀而已，還必須視預測的精確度高低，思考應該做怎麼樣的「部位操作」。

圖 7- ⑥對逆勢操作來說，在 B 的時點就考量到比 C 還前面的地方，是很重要的

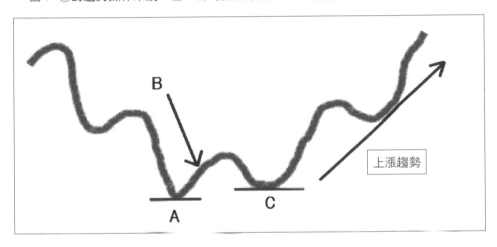

若想精通逆勢操作，就請經常設想「下下步」。

「部位操作」的基本形

本節要介紹初步的「部位操作」。

股價這種東西，一旦開始下跌，就會跌到某個程度為止。

「原以為差不多該反彈，不由得就買進了，結果在那之後又繼續跌，因而蒙受龐大的損失。」

諸如此類的遭遇，我想各位應該老早就體驗過了吧？既然這樣，發現股價開始下跌時，何不先來個放空呢？各位不覺得這主意很棒嗎？然後在下跌的過程中，再分多次布局買進。此時，真正的用意（為實現最終期望成果而做的買進或放空）在於買進。

圖 7- ⑦就是此一「部位操作」的概要情形。

原本漲了不少的股價慢慢下跌，終於跌破了 20 日均線。下跌態勢漸漸明朗起來。以這個時機為起點，可以採行的交易計畫是：

「目前股價正在下跌，因此就一面觀察下跌的態勢，一面為了下次反彈時獲利而布局買進」

這個計畫會是最有效的。

▼圖 7- ⑦「部位操作」的基本形

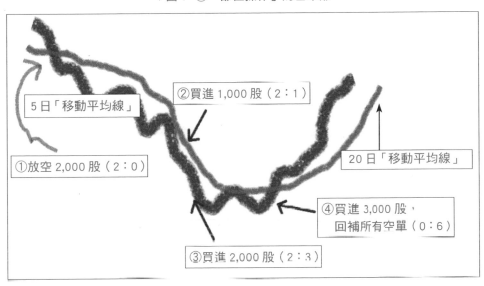

5 日「移動平均線」

②買進 1,000 股（2：1）

①放空 2,000 股（2：0）

20 日「移動平均線」

④買進 3,000 股，
回補所有空單（0：6）

③買進 2,000 股（2：3）

另一方面，也有一種策略是「由於股價正在跌，就來利用這波下跌獲利」。但這固然是順勢操作，卻高風險低獲利，因此還是不要當成主計畫比較好。

好了，現在來詳加說明第一種計畫吧。

①放空 2,000 股。

②繼續保有①的空單，同時買進 1,000 股。這時的部位組合是 2：1（放空 2,000 股，買進 1,000 股）。

為何只買進 1,000 股呢？因為是在布局的第一階段。只要放空部位比較多，就算股價續跌，整個算起來也不會虧損。

再者，此處的下跌固然會讓買進的 1,000 股出現虧損，但空單的獲利是增加的。而且，買進的這 1,000 股，等到不久股價轉為上漲趨勢後，一樣也會獲利，所以不是問題。

③追加買進 2,000 股。部位變成 2：3（放空 2,000 股，買進 3,000 股）。其後的上漲突破了 20 日均線，接下來的回跌並未跌破上一次的低點，因此在④的地方回補所有空單，追加買進 3,000 股。部位在此一階段變成 0：6（放空 0 股，買進 6,000 股）。

實際的趨勢會更為複雜，但大體上的情形，就是現在這樣。

重點在於，逐步下跌的態勢，先做空，利用其「利益」帶來的「安心感」，隨著股價的下跌，分批布局買進。

如何呢？是不是大開眼界？是不是很感動？

一次買進有多可怕

對於那些質疑：「直接在①的地方放空 6,000 股不就好了嗎？」的人，我會要他「請實際去執行看看」。

實際交易時，你會害怕到無法那樣做。

會堅稱「我做得到」的人，應該是缺乏實戰經驗的外行人。

圖 7- ⑦的操作方式也一樣，一開始謹慎地買進。接著，一面觀察股價的趨勢，一面逐步確信股價慢慢地在止跌，再一面分批買進。只要練習得宜，大部分人都能學會這樣子操作，藉以持續性地獲利。但每個人一開始時，對於要在下跌趨勢常中買進，都是十分害怕的，現實就是這樣。

「不必這麼麻煩吧？在④那裡買進 6,000 股不就好了？」我想也有人會提出這樣的見解，這也是大外行的想法。我可以自信滿滿地告訴你，這是做不到的！會這樣說，是因為圖 7- ⑦已經把完整的股價變動趨勢呈現出來，確知股價已經在漲，才會講得出那樣的話。

事實上，每天大家都只知道截至當天為止的股價而已，要預測下個交易日的股價，就像在黑暗中摸索前進一樣。正因為不知道未來的事，才需要慎重地分批買進。

　　實際交易時，未必會像圖 7- ⑦那樣變動。③那裡就可能轉漲了，④那裡也可能再往下跌得更深，接著才反彈。就是要在這種不確定的變動當中，每天一面觀察，一面逐步布局。

　　這就像圍棋、將棋或西洋棋，觀察對手的動向，一面摸索因應的招式，一面逐步把對手將死。即使無法百分之百預測對手的行動，能贏的人就是能贏，厲害的人也還是厲害。

　　每一個厲害的人都有個特點，就是拚命埋首於研究與練習。各位也一樣，既然要挑戰成為專業股票達人，就請各位以當個正牌的專業股票達人為目標，好好地把一輩子受用的技術學起來吧！

層次稍高的「部位操作」

我想各位慢慢的已經頗為習慣「部位操作」的思維了。

在此來探討一下略為複雜的「部位操作」吧。

請看圖 7-⑧，和圖 7-⑦比起來，布局得更為細膩。請深入思考

▼圖 7-⑧更為實際的「部位操作」

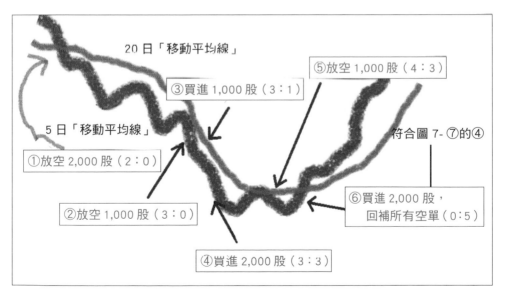

一下，這張圖代表著什麼意思。這本書不是一般讀物，而是股票的「技術書」，純粹一直讀下去並無意義，要能夠深入理解才有意義。

重點在於，明確找出與圖 7-⑦不同之處，再探尋其原因。

不同之處在於圖 7-⑧的②和⑤和⑥對吧。

②的地方，在下跌途中尚未買進前，已跌破先前低點，因此追加放空，把原本為 2：0 的部位變成 3：0。這在實際交易中很常見，也經常因而撿回一命。

接著在③那裡首次買進，在④那裡又追加買進。

接著是⑤。雖然略為突破 20 日均線，但由於又回跌，所以要一面觀察是否會在先前低點處止跌，同時也希望能守住已分批布局買進的持股。所以要來個（避險的）放空。因為，有可能在先前的低點處未能止跌，又繼續往下跌。

在⑤的那個時點，部位是 4：3，因此就算續跌，整個算起來也不會虧。

這裡的⑥就相當於圖 7-⑦的④。圖 7-⑦的④那裡追加買進 3,000 股，但這裡的⑥只追加買進 2,000 股。有時候會因為 K 線呈現出來的氛圍，只買進 2,000 股，而非 3,000 股。假如有一種會再回跌一次的感覺，那就少買進一些。

利用「整數關卡」掌握底部

在各位理解了基本的「部位操作」與略為複雜的「部位操作」後，我想談談如何掌握各位總是覺得不好抓的底部。

需要用到的工具包括**「移動平均線」**（5日、20日）、**K線**、**「整數關卡」**、**先前低點值**。所謂「整數關卡」，前面已介紹過，在此再講稍微詳細一些。

最重要的「整數關卡」是 10,000，接著是 5,000，再接著是 1,000，再接著是 500，再接著是 250，再接著是 100，再接著是 50，再接著是 25，再接著是 10，再接著是 5。

我想，各位應該會覺得，怎麼一大堆的「整數關卡」呀！請不用擔心，當然不是隨時都全部要用到。

首先，來談談「整數關卡」本身的用法。

「整數關卡」的用法：實踐篇

例如，以下這樣的情形還滿常見的：一檔原為 340 日圓的個股，

一到 350 日圓附近，股價就開始出現不同於之前的變化；或是股價為 2,600 日圓的個股，在 3,000 日圓附近就漲不上去，開始回跌。各位就是要把股價會出現這類變動的特質，應用在交易上。

我主辦的「股票教室」在 2016 年的主題之一，就是活用「整數關卡」。學生們每天都在因應不同的課題，力求活用「整數關卡」。

持續至 2016 年 2 月 16 日為止的日經指數大跌，也是因為股民們意識到 1 萬 5,000 點這一大「整數關卡」。事實上，在那種情勢下，我的多數學生都把手中大部分空單回補，獲利了結，還得以轉為買進。

好了，關於「整數關卡」的用法，要看個股股價的不同而分別運用。

請看圖 7- ⑨。

假設我們買賣軟體銀行集團的股票，2016 年 1 月 4 日時的收盤價為 5,993 日圓。由於股價約在 6,000 日圓上下，沒辦法以 5 日圓為單位設定「整數關卡」，因為隨隨便便一個變動就超過 5 日圓了。

「整數關卡」的粗略選用標準，可設為個股股價的 5%。股價為 6,000 日圓，5% 就是 300 日圓。但股價很少會在 300 日圓這樣的區間內移動。因此，與 300 日圓相近的 500 日圓，就是應該注意的候選「整數關卡」。

1 月 4 日的收盤價為 5,993 日圓，由於還在跌，因此從這天看起來，

▼圖 7- ⑨ 9984 軟體銀行集團 2015/12 ～ 2016/4 日線圖

下跌的第一目標會是 5,500 日圓。可以在 5,500 日圓附近尋找止跌的可能性。但要是反而跌破 5,500 日圓，就視為還會再跌，追加放空。

接著的止跌目標是 5,000 日圓。5,000 日圓的股價非常重要。這股價不但是以 500 日圓為單位，也是以 1,000 日圓為單位。且 1,000 日圓的區塊比 500 日圓還大，因此止跌的機率會更高。要是又跌破 5,000 日圓，就再追加放空。接著的止跌目標呢？沒錯，就是 4,500 日圓。

實際的跌勢停在 4,500 日圓，轉為反彈。剛才介紹的只是純粹採用「整數關卡」的觀察方式而已，也可以再並用其他手法，並加上部位的操作，好好利用這次的下跌與接下來的反彈。

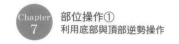

底部的基本型態

「整數關卡」的說明有點長，現在開始說明如何掌握底部。

底部，又分為大跌後的底部與小跌後的底部，但圖 7- ⑩講的是二者共通的標準狀況。

那麼，請帶著豐富的想像力往下看。不要讓你的想像力停歇，要一步一步的一面想像一面往下看，這可以讓你學到一生受用的技術。

比圖 7- ⑩再往前一些的過程可能是這樣的：

「股價漸漸以黑 K 跌破了 5 日均線。接著又跌，觸及 20 日均線。在此暫時反彈，但很快又再度跌到 20 日均線處。以黑 K 碰到 20 日均線（但沒跌破）。隔天成為紅 K，再次上漲。但三天後又回跌。行情在此慢慢走弱了！接著下來應該就要開始真正下跌了。」

到此為止是進入下跌波段的過程。各位應該已經有相當了解了。

再來，總算要朝底部而去了。也就是圖 7- ⑩。①是第一天，②是第二天。

▼圖 7- ⑩ 如何解讀底部的「股價趨勢」

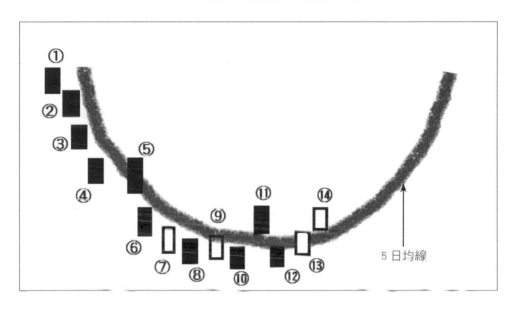

5 日均線

底部的演進

跌破 20 日均線，續跌。連續四天黑 K，K 線一直維持在 5 日均線下方。到了第五天，雖為黑 K，但開盤價在 5 日均線上方，收盤價又跌破 5 日均線。雖然是下跌的黑 K，但已經出現變化！

第六天，下跌的黑 K。

第七天為紅 K，久違的紅 K。這也是變化！

第八天，黑 K，很失望。但只有失望是不行的，因為在持續出現變化的過程中，這是必然的現象。

第九天，紅 K 且觸及 5 日均線。變化！

第十天，又是黑 K。

第十一天，黑 K，但 K 線突破至 5 日線上方。變化。之前的 K 線從未跑到 5 日均線上方過。

第十二天，黑 K 下跌，但未跌破先前低點。

第十三天，紅 K 且觸及 5 日均線。

第十四天，紅 K 且突破 5 日均線，K 線整根跑到 5 日均線上方。

股價在打出底部以前，必須歷經這樣的變化。雖然過程未必和這裡介紹的完全相同，但會有一種下跌態勢漸漸收斂的感覺。

因此，出現最早的變化後，就算依然下跌，也並非往不好的方向，背後其實孕育著往上漲的新芽。

各位必須培養出能夠察覺到此事的敏銳度。

在底部布局的「部位操作」

▼圖 7- ⑪底部處的「部位操作」

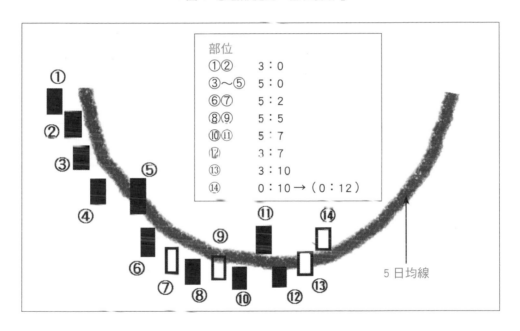

那麼，在往底部而去的變動當中，該如何布局買進才好呢？請各位思考一下如何利用底部做「部位操作」。我們用圖 7- ⑪來探討。為使各位易於了解，我們照著圖中使用的①到⑭依序說明。

其實應該在更早的時期就察知下跌態勢而放空了，但這裡為求方便，當成在①的時點開始放空。部位為 3：0（3 是隨便設的，2 或 1 也可以。假如是中階程度的話，是有一套方法在）。

②繼續。部位維持 3：0。

③跌很兇，所以試著追加放空。部位為 5：0。因為才剛開始跌，會有追加放空的情形。

④續跌，但觀望。

⑤噢！雖為黑 K，但碰到 5 日均線了。開盤價高於 5 日均線，這是個變化。是往漲勢而去的前兆嗎？明天開盤買進 2,000 股看看。

⑥照預定，早上開盤買進 2,000 股。部位為 5：2。買進但收黑，若是外行人，會因為買進卻收黑而感到沮喪。但看在專家眼裡，這是在布局買進的狀態，所以沒差。

若從「可以追加布局的期間拉長了」的角度來想的話，反而還會感到開心。可以的話，希望股價從此可以一面顯現出「要漲的前兆」，一面每天好好的把底打好，不要突然反彈，以增加我們布局的機會。

⑦紅 K 出來了。好久不見的紅 K！市場正在轉變，明天開盤來買進吧。

⑧照預定，一早開盤買進 3,000 股。部位為 5：5。為何上次買進 2,000 股，這次卻買進 3,000 股呢？因為，在低於第一次的價位處買進更多，可以拉低持股的平均成本，這也是專家的手法。

這天雖然是開高走低的黑 K，但⑤那裡碰到了 5 日均線，⑦那裡也出現紅 K 了。市場已經在變化，或早或晚，就會開始反彈。而且，此一時點下的部位是 5：5，下跌的話放空的利益會增加。雖然買進部位的虧損也同等增加，但由於趨勢是往漲的方向走，買進的部分遲早會活過來的，不必擔心。

⑨來了！紅 K。這樣的話，⑦紅 K，⑧黑 K，最近這三天是紅 K- 黑 K- 紅 K 的「多紅 K」狀態，這也是變化。K 線也觸及 5 日均線，這代表上漲時候到了嗎？

明天想要買進，但狀況和一直以來不太一樣。是哪裡不一樣呢？明天買進後，買進的部位就多於空頭部位了，會出現「股價若跌，就有虧損」的風險。

但想要獲利，就非得冒風險不可，明天買進 2,000 股吧。

⑩忐忑地追加買進，但黑 K 收黑，雖然想著沒關係，但心裡仍不安。不過，按照練習，這樣是不打緊的。不安的心情來自於正式交易與練習間的差異，因為看不到前方，所以會害怕。

▼圖 7- ⑪ 底部處的「部位操作」

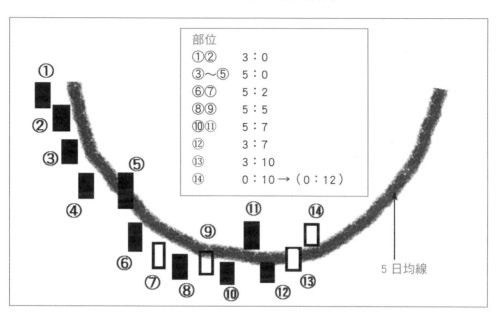

早上追加買進 2,000 股後，部位變成 5：7。由於買進的部位多 2,000
股，也就增加等量的風險。⑦～⑩的 K 線約莫位於相同水準。還不錯！

⑪哇！突然突破 5 日線，但黑 K 收黑。這一帶還是稍微回補一
些空單好了。明天開盤就回補 2,000 股。

⑫照預定，空單回補 2,000 股。這樣部位就變成 3：7。有一種
把一直以來穿在身上的盔甲脫掉一些的感覺，身體可以吹到風了。但

如果敵人在這時攻過來，也還是滿危險的。

不過，股價動向很明顯是在打底。紅 K 都已經出現了，K 線的位置也開始走平。⑪的地方雖為黑 K，但 K 線整根都在 5 日均線上方。再者，今天 K 線的低點並未低於⑩的低點。

明天開盤來追加買進吧。

⑬好耶！這樣應該沒問題了，一早照預定追加買進 3,000 股。

已經相當程度進入攻勢了。但也必須做好心理準備，明天起若出現低於過去一星期低點的現象，隨時可以追加放空，選擇出售部分多頭部位（最早買進的 2,000 股）。今天的部位是 3：10。明天要把所有空單回補。

⑭一早照預定回補所有空單。這樣部位就變成 0：10。明天再追加買進 2,000 股吧。

以上介紹的是利用底部做「部位操作」的例子。這只是一個例子而已，還有種種不同的操作手法。即使同樣是由我來操作，不同時點下也會有些微差異。但大體上的走向與趨勢，還是會像前面介紹的一樣。

請各位可以先模仿我的手法，累積練習與實戰經驗後，再逐步確立自己的手法。

在頂部布局的「部位操作」

現在換介紹在頂部附近布局放空,利用下跌態勢的「部位操作」。圖 7- ⑫是其範例,以略為實戰的角度顯現。

想利用上漲波段做多時,不可能股價從來不跌就直衝頂部。有時候要把下跌想成是暫時的,保有而不拋售多頭部位的持股,但利用放空撐過去,也就是作為保險的放空。

請在維持充分思考的狀態下跟著我走,我們股票教室有個口號是「THINK THINK THINK」,國際企業 IBM 公司內部也張貼出這個標語。

好了,來研究了。開始上漲前的低點是 450 日圓。如同前面介紹的「整數關卡」,對這個價格帶的個股來說,50 日圓相當於股價的10%,是重要的「整數關卡」。因此,此次的上漲目標,可預測會落在 500 日圓附近。

雖然未必總是如此,但上漲行情大約維持三個月。從 450 日圓耗費約三個月時間漲到 500 日圓附近,是這裡的基本態勢。

▼圖 7- ⑫頂部處的「部位操作」

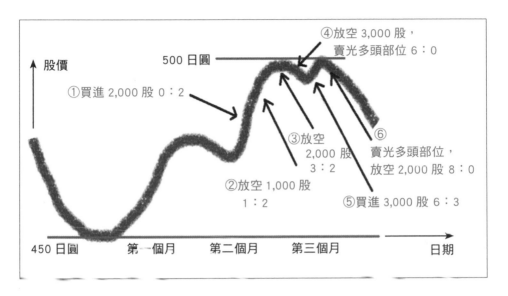

好 ㄌ，來說明圖：

①買進 2,000 股。

真的說起來，會想要在這一帶開始布局空單。但從風險面與精神面的角度來看，還是先從做多著手。採取的策略是，一面累積做多的獲利，再布局空單。

②暫時回跌（上漲趨勢中暫時下跌），然後又反彈。

其後，上漲態勢猛烈，開始布局空單。就是②那裡的放空。

③第二次放空的 2,000 股，是在股價比②還高的地方出手的，這

是基本手法。

由於是在股價比第一放空還高的地方放空，可拉高保有空單的股價平均值。

④那裡到達 500 日圓這個股價的重要「整數關卡」，開始下跌，因此追加放空 3,000 股，並把手邊避險買進（這裡變成由買進來發揮保險的功用了）的持股賣光。

這時，部位變成 6：0。

但這個 0（零）等到股價開始漲以後，隨時都可以來個「買進避險」——是這樣的一個 0。

它並不是純粹靜止在那裡的 0，而是一種「靜中帶動」的意涵。

在⑤的地方，很快的就發動了這個 0，做買進避險。

這時，專家腦中想的是，要徹底釐清在 500 日圓一帶股價會如何變化，並採取新的行動。

假如未能觸及 500 日圓就再次回跌，就等於第二度挑戰 500 日圓失敗而下跌，可以解讀為正式走跌。

但若漲破 500 日圓，那就可能再往上漲了。

在⑥的地方，由於很清楚看得出無法超越 500 日圓關卡，因此賣光手中的避險性買進，追加放空。

請好好理解一下這種「分批做空」（隨著股價往上漲，逐步布局放空）的思維，以及在頂層處的「部位操作」。

請各位不要看過去就算了。好不容易看到這裡，可別讓你花在看書上的時間變成白費。

可交易時間

　　東京證券交易所的可交易時間為每周一至五上午九點到十一點半，下午十二點半到三點。（台股開盤時間為上午九點到下午一點半）

　　網路下單的話，固然也有證券公司全天候 24 小時，假日也能受理，但交易要能成立，依然只限於早盤、午盤的交易時間內。

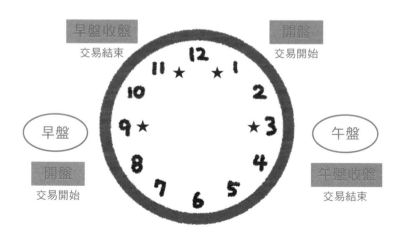

※ 圖為東京證交所的交易時間

NOTE

Chapter **8**

部位操作②

股價暴跌是有預兆的！

面對意料外的下跌，
採取「部位操作」同樣能見效！

由於股價取決於買賣的供給與需求、企業的業績、社會情勢、人的想法，以及其他諸多原因之間的錯綜複雜關係，因此就算某種程度能夠預測股價，仍可能出現意料之外的變化。

這種時候，什麼也不做非但無法獲得好處，還會蒙受損失。

例如以下這樣的例子：

「由於股價漸漸下跌，一如往常從放空切入，在下跌過程中一面找尋變化，一面布局買進。股價漸漸走穩，三度觸及 5 日均線。我心想這樣有機會，於是在這時布局買進。

現在的部位是 0：10。

然而，最近五個交易日原本持平的 K 線，在今天跌破低點黑 K 收黑。新聞報導說，歐洲的財政赤字再度浮上檯面，也對東京股市帶來影響。」

這種狀況下，我似乎會挨罵：

「企業的業績與經濟情勢等因素，畢竟還是得納入考量比較好，不是嗎？相場師朗說一切都會反映在圖表上，說什麼別去管其他因素，要我們只要看圖表交易就好，但現在的狀況和他講的根本不同，不是嗎？」

但是，這樣的想法是錯的。

地緣政治上的風險和歐洲財政問題，一直都是出現後又消失，消失後又出現。至於出現的時機點，我們一般人是無法事前得知的。

既然這樣，個人就算再怎麼探問，也只是在浪費時間而已，還不如乖乖地貫徹只關注圖表的作法。除此之外，只關注圖表還有兩個原因。

建議完全只關注圖表的兩個原因

首先，第一個原因在於，只要貫徹「專心關注圖表」這件事，就很有可能事先解讀出股價暴跌的徵兆。

在每天觀察圖表中的變化，發現「這個是變化」、「這個也是變化」的過程中，自然而然就會產生「再下去股價可能下跌」、「似乎有一股上漲的氛圍」之類的感覺。

而在「操作部位」時，就能夠做到在股價大幅下跌前布局放空，

或是在大幅上漲前布局買進之類的事。

我好像聽到有人在問：「那如果沒有徵兆怎麼辦？」這不打緊。接下來是我之所以建議貫徹圖表主義的第二個原因：

「部位的操作，即使碰到毫無徵兆的暴跌而蒙受損失，也仍有充分的可能性可以補救。」

雖然很多投資人會基於「都已經跌這麼多了，現在再放空會很危險，還是什麼都別做，觀望吧」之類的想法，而不做任何因應，但既然發生了意外，不就應該叫救護車、報警嗎？這話我也是不厭其煩對著學生講到嘴巴都痠了。

基本的因應之道在於：「假如跌破先前低點，就做避險性放空！」

這聽起來很簡單，但卻是很不容易做到的事。

因為，會出現一種心態：「避險性放空後，假如漲了，那該怎麼辦？」就連我歸類在優秀那一類的學生，也一樣會陷於這樣的思考當中，而做不出避險的動作。

那麼，該如何克服呢？

就是靠練習，總之練習就對了。某個學生在練習過我建議的練習方

式 150 次後，就沒有再練習了，因為他覺得「已經夠了，很充足了」。

但某個時點開始，他又再次展開同樣的練習，他的感想是：

「練習 500 次後，一些在原本只練習 150 次時沒有搞懂的事，就搞懂了。」

我在新年聚會或尾牙時贈送給大家的茶杯上，都會寫著「練習、練習、練習、練習、鍛鍊、鍛鍊、鍛鍊 ——相場師朗」的字樣，想成為股票達人就是需要這麼多的練習。回到正題吧，首先要介紹一下股價暴跌徵兆的例子，而且是一面感受到暴跌的徵兆，一面做「部位操作」，從大跌當中賺取利益的形式。

暴跌時的「股價趨勢」

　　請看圖 8- ①。

　　在這張圖的中央略偏右側處，有個星號（★）。這天是 2012 年 10 月 12 日，當日股價較前日大幅下跌。那天，媒體報導了「軟體銀行正著手收購美國通訊大廠 Sprint 公司」的消息。股市認為，這將成為軟體銀行的一大負荷，在賣壓湧現下，股價幾乎跌停。

　　現在來檢視一下股價暴跌前後，軟銀的股價動向：

　　①這是連續一個月、兩個月、三個月，三個月期間大漲後的下跌。在突破 3,000 日圓這個「整數關卡」後，跌破 20 日均線。

　　②股價反彈，朝 3,250 日圓這個「整數關卡」而去，但難以突破。接著，第二度跌破 20 日均線。並未跌到 60 日均線處，又再度反彈。

　　③突破 3,250 日圓「整數關卡」，但在到④為止的下跌當中已顯無力，不但跌破 20 日均線，連 60 日均線也跌破了，讓人感受到股價衰退。

▼圖 8- ① 9984 軟體銀行集團 2012/5/15 ～ 2012/12/24 日線圖

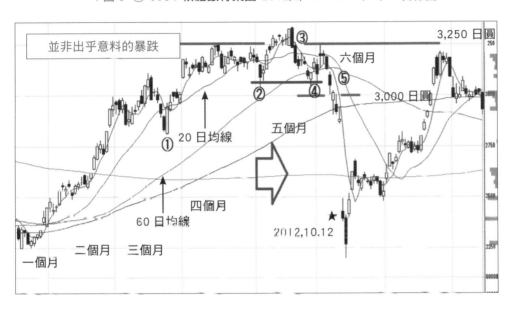

②到④之間的時間間隔，比①與②之間要來得短。從這樣的趨勢來看，會讓人感覺到「就算其後上漲，應該也會馬上跌到 20 日均線處」的徵兆。

⑤未能突破 20 日均線。在至今的六個月期間，首度下跌後未能回到 20 日均線上方。在④的時點跌破 60 日均線後，雖然一度回到其上方，但在⑤之後就完全跌到 60 日均線以下了。接著，朝 10 月 12 日的大跌而去。

　　這樣看來，在傳出報導的 12 日之前，股價很明顯已開始走弱。這樣的**趨勢**並非偶然，其他諸多個股，以及日經平均指數，在截然不同的時期，也都會出現類似的徵兆。

　　我們可以不必指派「忍者」到全球的各大機關或公司行號去埋伏監視。

　　一切都已經顯現在圖表中了！

　　即使是意料外的暴跌，也不例外。

以暴跌為助力的「部位操作」

在軟銀這個例子中，雖然我們逐步解讀出「股價趨勢」，但光靠這樣仍無法獲得利益。

具體來說，該如何「操作部位」才好呢？有幾種方式可以做到：

其一，配合上漲期間，花一、兩個刀時間逐步布局。

其二，一面觀察「股價趨勢」，當感受到變化帶來的徵兆時，再逐步布局。

請看圖 8-②，這個例子講的是自暴跌前一天的 10 月 11 日起，約一個月之前的「部位操作」，從①到⑭都是「部位操作」點。

即使是同一張圖表，我也未必會做出日期與手法完全相同的「部位操作」。因為，每次操作時的感覺也會帶來一些影響。不過，大體上的操作方向是這樣沒錯。

我想，在我們股票教室裡，中級以上的學生，也幾乎都會做出同樣的操作。

暴跌時反而能賺的例子

①K 線開始頻繁地觸及 20 日均線。判斷為股價漸漸走弱（轉跌的可能性漸高），因此試著放空。此時尚在半信半疑階段，姑且如此處理。也把自上漲以來已進入第二個月後半一事列入考慮。

②暫時上漲，朝 3,250 日圓的「整數關卡」走，但未能觸及。判斷為股價走弱，決定追加放空。

③黑 K 跌破 20 日均線，因此追加放空。

④黑 K 跌破 20 日均線，其後出現紅 K，根據經驗法則，已知這種時候會暫時轉漲，因此做避險性買進。

⑤繼續漲，由於突破 3,250 日圓「整數關卡」，追加避險性買進。但依然不釋出空頭部位，是因為從圖 8- ①的①那裡的跌轉漲起算，相當於第三個月了。再者，同樣是發生在圖 8- ②之外的部分，上漲已進入第五個月。一旦連續漲六個月，就極可能大幅下跌。

⑥此處出現長長的紅 K，出於害怕而做避險性買進，這一帶很讓人驚恐。

⑦以長長的黑 K 跌破 5 日均線，也跌破「整數關卡」3,250 日圓，是漸漸走弱了嗎？清空避險性多頭部位，這樣就只剩下空頭部位。

▼圖 8- ② 9984 軟體銀行集團暴跌前約一個月的日線圖

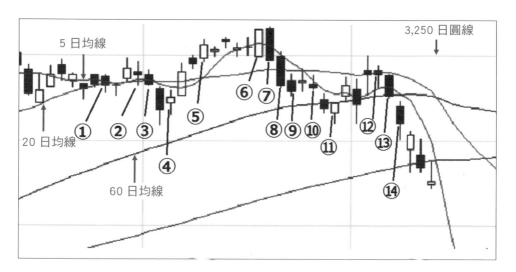

⑧長長的黑 K 又跌破 20 日均線，感覺滿好的，追加放空。

⑨由於完全跌破 20 日均線，追加放空。

⑩在⑧處以黑 K 觸及 20 日均線，隔天的黑 K 跌到 20 日均線下。
再隔天雖為紅 K，但⑩這天出現黑 K。這樣就連續三天位於 20 日均線
下方。判斷為走弱，追加放空。

⑪漸漸走跌，在 60 日線附近以紅 K 反彈。根據經驗法則，視為
會暫時上漲，因此做避險性買進。第一次跌破 60 日均線經常都會拉
回。要注意第二次！

⑫上漲但無法越過 20 日均線。走弱，追加放空。清空避險性買

進部位，只留空頭部位。

⑬一次跌破 20 日均線、5 日均線兩條「移動平均線」。60 日線也差點要跌破了，更為走弱。靠近 60 日均線的次數頻繁起來。

⑭終於跌破 60 日均線。K 棒位於 5 日均線、20 日均線、60 日均線底下，頗弱。

這張圖的①到⑭都各有考量，或而增加放空，或而暫時做避險性買進再清空。像這樣自然而然地察覺到每一個變化，再做「部位操作」，結果是在股價暴跌前就完成了布局。

以上就是一個一面感受徵兆、一面「操作部位」，到頭來不但沒發生損失，反而還倒賺的例子。

出現意料外暴跌時的部位

還有另一種是，真正遭遇到股價「意料外變動」的狀況。

例如，假設在軟體銀行的股價暴跌那天，看好上漲因此買進股票（雖然看到「股價趨勢」根本不可能這麼做）。

在這種狀況下，當天收盤後才得知發生了意料外的暴跌。如果是你，你會怎麼做？要我的話，我會在隔天一開盤放空。

這時，手中持有的多頭部位會是問題，但假如我要你全部清空，你做得到嗎？我想八成做不到吧。這在心理上是很困難的決定。

但「暫時清空多頭部位」是最好的因應之道。經常出現的狀況是，就在你覺得「都跌這麼多了，會漲」的時候，股價還是一跌再跌。我在「清空多頭部位」的前面加上「暫時」二字，是有意義的。

對於那些無法忍受全部清空的朋友，請拿出你的勇氣，「暫時」釋出多頭部位，就算只釋出一半也好。

好了，假設買股後暴跌，接著來看看其後的部位吧。

請看圖 8- ③。這是自暴跌起約一個月的線圖。

假設在開始下跌前，部位是 0：8 好了。

②到⑫為止是這波趨勢當中一連串「部位操作」的例子。雖然給人一種交易次數很多的感覺，但這是從下跌往上漲移動的過渡期，很容易發生「就算覺得漲了，也可能又跌」的情形。

因此，為了善用下次上漲的機會，還是必須戰戰兢兢地布局買進，需要避險性的放空，也因此交易次數會變多。

冷靜地利用「部位操作」從暴跌中生還吧

好了，來詳細解說一下。

②將多頭部位全部清空，從放空著手（2:0）。股價大跌的狀態下，如果你手中沒有任何部位，你要怎麼做？當然是放空吧，因此直接將多頭部位結清，回復 0：0 的狀態，將有助於正確的判斷。這種想法在其他狀況下也可以用。為了不讓思維受到自己目前的持股所左右，要學會公平看待此刻的股價變動——這也是一種修行。

③在 2,250 日圓的「整數關卡」處，會變成如何呢？從下跌前的

▼圖 8-③ 9984 軟體銀行集團股價暴跌後日線圖

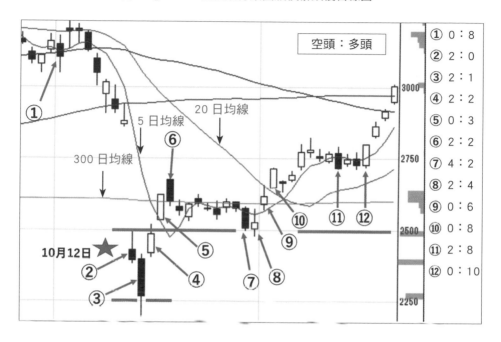

股價 3,250 日圓跌了 1,000 日圓。由於放空了 2,000 股,若買進 1,000 股,其後就算跌,也不會虧。

④紅 K。由於超出前一天與再前一天的黑 K,試著買進。因為也可能再跌,所以維持空頭部位(2:2)。

⑤以紅 K 突破 2,500 日圓這一大「整數關卡」,也突破 5 日均線。基於以上兩點,暫時全數補回空頭部位,並且買進 1,000 股(0:3)。

⑥大跌後最初的大漲。根據經驗法則,接著可能是略漲,但也可

能再跌一回。放空，釋出一個多頭部位，觀察狀況（2：2）。

⑦七個交易日後，其間股價幾無變動。守住了 2,500 日圓，略感安心，但跌破 5 日均線。做避險性放空，觀察狀況（4：2）。不過，這天黑 K 在 2,500 日圓的「整數關卡」處止跌。明天要關注能否繼續守住。若能守住，上漲就有望。

⑧以紅 K 守住 2,500 日圓「整數關卡」。守住一事的意義重大。回補一半空頭部位，追加買進（2：4）。

⑨紅 K 出現在 5 日均線與 300 日均線上方，意義重大。追加買進，空頭部位全回補（0：6）。

⑩紅 K 突破 20 日均線。Good！追加買進（0：8）。這樣 5 日均線似乎就能超越 20 日均線了。這代表著「股價的位置」已經往更高一層的地方走。

⑪股價順利地往 5 日均線上方挺進。「K 線在 5 日均線上方的期間，絕對不會跌」，這是我在研討會中經常提到的台詞。

在這波趨勢中，一根略大的黑 K 跌破了 5 日均線。接著我一定會講這句台詞：「黑 K 跌破 5 日均線，那就放空！」

做避險性放空，這是為了守住現在手邊持有的 8,000 股的買進部

位而做的避險性放空（2：8）。

⑫股價復活，紅 K 突破過去 5 個交易日的高點，因此避險性放空全數回補，追加買進（0：10）。

在此請回過頭去看圖表，再複習一次。

在③的地方，相場師朗為何要買進？

④的地方為何要追加買進？

來談談這次交易的整體樣貌。首先，出現「意料外下跌」時，要「暫時」先清掉手邊買進的部位。

接著，試著放空。一面觀察其後的股價變動，一面在看起來似乎會止跌時，再次開始買進，就可以了，就是這樣的思維。

我所以說「暫時」清掉買進部位，也包含了這樣的意思在內：

「現在是為了避險而清掉，但只是暫時的，視趨勢的演變，馬上又會開始買進。」

我對股票教室的學生也說：「便利貼只是暫時貼著而已，日後撕下來還可以再使用。」便利貼就是買進的股票。

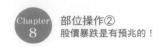

打底時出現意料外
跌價該如何因應？

關於預期出錯時的部位，還有另一種非介紹給各位不可的操作方式。

像圖 8- ④那樣的狀況。

下跌態勢結束，股價開始走平，這稱為打底，打底之後股價就會慢慢漲上去。對投資人來說，這是很讓人心情大好的景象，也正是適於布局之時。

心裡會想著：「再重覆幾次像這樣的漲漲跌跌，就會漲了吧？」

在①那裡，部位是 0：10，這是可能的。由於每天愈來愈感到安心，因此為了迎接下一波漲勢的到來，逐步追加買進。

然而，像圖 8- ④那樣，股價出現了意料外的下跌。

像這種時候，絕對需要「部位操作」。絕大多數的人都只是觀望而已，並不行動，到頭來就會蒙受龐大的損失。

預測就只是預測而已，只要從事股票交易，就一定會碰到這種超

▼圖 8- ④股價在打底時出現的意料外下跌

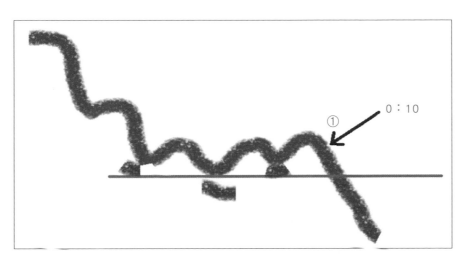

乎預期的事，請務必在此學到因應的對策。

這種狀況下的部位操作範例，顯示在下頁的圖 8- ⑤上。

鼓起勇氣變更策略可救你一命

在①處一心想要抓住打底後的漲勢，不斷買進，一直布局到 0：10 為止。到此為止的行動其實很正確。

①觀察過去的股價動向，D 的低點高過於 B 的低點，且 C 並未跌破先前的高點。正在朝漲勢發展，看起來就是打底，給人一種可以進場的氛圍。接著，E 的高點超過了 C 的高點。這樣的趨勢愈來愈讓人感到樂觀。

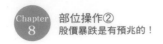
▼圖 8- ⑤ 出現意料外下跌時，更換投資方針的例子

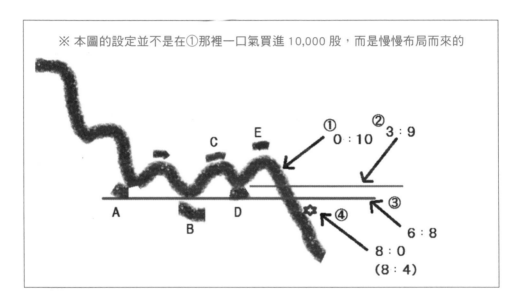

※ 本圖的設定並不是在①那裡一口氣買進 10,000 股，而是慢慢布局而來的

然而，開始於 E 的跌勢，在②的地方，跌到低於 D 的價位，讓人覺得**趨勢變了**。

由於仍在打底範圍內，而且真正的目的（此處是要靠買進獲利，還是要靠放空獲利，看是以何者為主）在於買進，因此部位調整成 3：9。

多頭的部位減 1,000 股，避險性放空 3,000 股。設定的保險量是

買進量的三分之一（為何是三分之一？要講起來就沒完沒了，在此不提）。

③股價不但跌破 D 的價位，還和 B 的價位相當。雖然覺得風向變了，但在畫於 A-B-D 下方的那條線附近撐住一陣子後反彈，也是滿常見的情形。

此時增加 3,000 股避險性放空，再釋出 1,000 股多頭部位，變成 6：8。這個部位組合可以說妙不可言，不管是繼續跌下去，還是一如預期漲上去，都能夠再做一些因應性的調整，不會出現虧損。

④那裡終於跌破那條線了。

這時，非得把心一橫轉換投資方向不可，許多人做不到這一點，而在日後嘗到很大的苦頭。

追加放空，「暫時」（這是便利貼）清空所有多頭部位。或者，可以像圖中的（8：4）顯示的那樣，出清半數多頭部位。其後，就像前面講的軟體銀行的「部位操作」那樣，一面觀察股價，一面見招拆招。

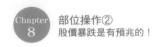

出意外時更要操作
「既然已經那樣，那就這樣」的部位

正因為出現意料外的變動，才更應該先冷靜下來，配合「假如變成那樣的話，接著會變這樣」的沙盤推演，透過「部位操作」重新建構投資組合。

例如，假設股價續跌，再跌 60 日圓就觸及 300 日均線。根據經驗法則，已得知在 300 日均線附近，是止跌或止漲的可能性很高的地方。因此，要一面觀察 K 線的狀況，一面擬定放空、逐步布局買進的策略。

還有一個例子：股價觸底回升。K 線原本一直停滯於 5 日均線、20 日均線上方，但現在首次跌到 20 日均線處。

到此為止相當於「假如變成那樣的話」的部分。好了，那接下來怎麼辦呢？

「雖然也會取決於其他狀況，但首先，跌到 20 日均線還只是第一次，因此很可能又會暫時回漲。若一直在 20 日均線下盤旋，再次往上挑戰 20 日均線卻未能成功，而以黑 K 下跌的話，那就會繼續跌。」

這就是「接著會變成這樣」的部分。

　　我們應該再去思考更深層的「接著會變成這樣」，也就是「下下下步」。

　　以剛才的例子來說，可以擬定一個這樣的計畫：「這是第一次跌到20日均線處。接著若逐步上漲後又開始回跌，第二次觸及20日均線，然後又上漲的話，接著又回跌時再觸及，就是第三次了。自那個時點開始，股價動向有可能變得比較讓人擔心，因此要看清楚這樣的狀況，把持股賣掉。」

　　這種時候，未來的走向，明天會比今天明朗，後天又會比明天明朗。要一面看著每天增加一根的K線，一面在腦中重新建構「假如變成那樣的話，接著會變成這樣」。

　　再根據這樣的想像訓練，做「部位操作」。

　　真的說起來，「部位操作」也經常要連用到「假如變成那樣的話，接著會變成這樣」的思維。

　　在第六章提到的解讀「股價趨勢」，換句話說，也等於是隨時在設想「假如變成那樣的話，接著會變成這樣」。等設想好的時候一到，要檢視和實際交易情形間的差異，予以改善，再應用到下次的交易當中。

　　這和管理學中改善工作成果的方法很類似：

規畫（Plan）→執行（Do）→檢查（Check）→行動（Action）

　　根本就是個 PDCA 循環，這也是當然的，對專業交易人來說，交易就是他們的工作。請各位也試著把交易當成工作吧。

何謂 PDCA ？

　　簡單來說，PDCA 就是在執行一項任務前，須先擬定行動計畫（Plan），然後根據行動計畫去執行（Do），隨後要去查核（Check）、執行過程和結果是否與計畫相符，若不符，就必須採取彌補落差的行動（Action），若相符，就採取擬定下個工作計畫的準備行動（Action）。由於會不斷出現新的問題，所以要周而復始的進行此循環過程，因此又稱 PDCA 循環。

Chapter 9

五種交易練習法

大幅提升解讀與操作的品質

不可能不練習就直接交易

前面已經提過，在實際交易中，會需要做到兩件事：

①要學會解讀「股價趨勢」

②要好好鑽研「部位操作」

我也提到過，為了讓①②兩件事都變得很熟練，必須要靠練習。

為了在高中棒球的甲子園大賽中獲勝，一共必須在地方大賽中打贏大約五場，在正式的甲子園大賽中再打贏大約六場。而為了這總計約 11 次的比賽，必須進行多次的練習賽。可能除了新年期間外，大家每天都必須聚在一起練球。當然，選手個人私下應該也會再練球。

以華麗的表演迷倒觀眾的花式溜冰選手也一樣，練習的次數當然會比正式上場表演的次數多得多。

很久以前我曾經學過鋼琴。

每年有一次的發表會，但是在那種說辦就辦的發表會中，根本不可能彈得出來。一開始要先從看懂音符學起，然後逐章逐節彈看看。

而且，先學純粹右手的彈法，接著再學純粹左手的彈法。再接著才兩手一起，以這種方式逐步學習。在發表會中彈奏的是指定曲，但平常是一個勁的苦練練習曲。除此之外，老師會發給我們教導如何讓手指靈活運作的課本，在平常練習的空檔外，還要另行練習。

另一方面，股票投資的世界又如何呢？

我想，幾乎沒有人會練習交易吧。

最近，出現了一些與實際股價變化連動的虛擬交易網站。若以高中棒球來比喻的話，就像是練習賽一樣。突然打練習賽，不可能打得好。在棒球的練習當中，要練傳接球、打擊，以及一些細部技巧。

除此之外，伸展與肌肉訓練也必須加進來，在這些練習過後，才是練習賽以及正式的大賽。

　　我想在本章教各位幾種在力求成為專業級交易人時必須做的練習。我的學生們,都是藉由不斷做這樣的練習,而讓交易技巧確切的變厲害。

　　這套練習方法的所有內容,都能夠協助各位做到兩件事:**學會解讀「股價趨勢」,和鑽研「部位操作」。**

　　以下五種練習法,就是我要教給取得這本書的各位朋友的。

練習法①解讀趨勢的練習

練習法②預測變化的練習

練習法③穿鑿附會練習

練習法④局部「部位操作」的練習

練習法⑤長期「部位操作」的練習

　　現在就開始吧。

練習法①
解讀趨勢的練習

所謂解讀就是 Reading，也就是解讀「股價趨勢」的練習。

①首先要看日線圖。可以直接看電腦畫面，也可以印出來再看。每張應該可以看五到六個月份。

②從圖表的左側開始解讀起。

我們用後面的圖 9- ①來實際解讀看看。

一開始可能會搞不懂狀況，但我帶各位看個三段後，應該就能理解。

這畢竟是一種技術。

先求有足夠的量，再求質。

「從圖的左邊開始，照時間先後解讀趨勢，發現 K 線以黑 K 觸及 300 日均線。其後雖然上漲，但以黑 K 的上影線碰到 20 日均線後，果然就又跌了。」——這時候 20 日均線的方向是往下的下跌傾向，要注意「移動平均線」的方向。

以上這樣的理解是很重要的。或者該說，若能超越理解的層次，

到了感同身受的地步，那更好。咱們繼續看下去。

「觸及 300 日均線的次數變得頻繁後，終於跌破了。」——這一點要先記住。

「這時，5 日均線和 100 日均線都往下。」——方向很重要，不要忘記，確認方向。

「只要 K 線處於 5 日均線下方，股價就不會漲。在 5 日均線的下方就需要耐性了，放空的話或許中間會想要回補，但還是不行，要忍耐。」——只要在 5 日均線的下方，就要忍耐。

「下跌途中就算看到紅 K 也不要心驚。現在手中恐怕持有空頭部位吧。但因為所有『移動平均線』都在往下，所以要忍。」——若是正式交易的話，不知道能否嚴格遵守，但現在先銘記在心吧。這種時候，我是不會被紅 K 所騙的。

「在 1 萬 6,000 點（圖中右方刻度中的 1.6）的『整數關卡』，黑 K 下跌後開始反彈。」——每隔 1,000 點的「整數關卡」還是有必要關注。

「大幅下跌後，最初的回漲一旦突破 20 日均線，還是會再回跌。在此要再次銘記於心，這裡可能可以放空吧。」——跌破 5 日均線的

▼圖 9- ① 日經平均指數，解讀練習日線圖

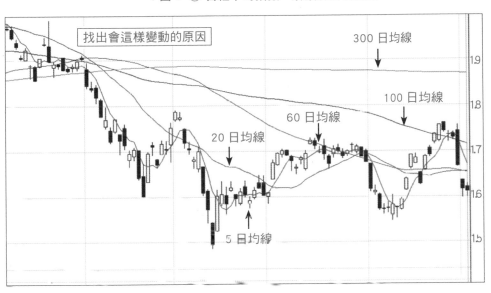

黑 K 時，似乎可以著手放空。

　　這就是一個解讀的例子，要像這樣一面根據 K 線與「移動平均線」間的關係找出「之所以會這樣移動」的原因，一面繼續解讀下去。

　　或者，也可以先不管原因，而是去加深對於「這種時候會變成這樣」的認識，一面繼續解讀下去。

　　剛才示範給各位看的是左側三分之一左右的部分，但各位練習

時，要整張圖全部練習。一開始會很花時間，但習慣之後，我想時間
是能夠縮短的。

　　一開始各位可以試著看個 50 張圖左右，應該會有很多的發現。
與此同時，也會漸漸搞懂，當「移動平均線」與 K 線呈現相同的關係
時，有頗高的機率會出現同樣的演變。

　　每天練習讀五張圖，連續一個月，總計可以練習 150 張圖。若能
持續一年，就是大約 1,800 張圖。光是練習這樣的量，就足以搞懂相
當多的事了。

練習法②
預測變化的練習

　　請看圖 9-②。最右邊有個★號的地方，現在要做其右方此後變化的預測。

　　在這張圖常中，股價在①、②、③這幾個地方跌到 60 日均線處，

▼圖 9-②日經平均指數「假如變成那樣的話，接著會變成這樣」的練習日線圖

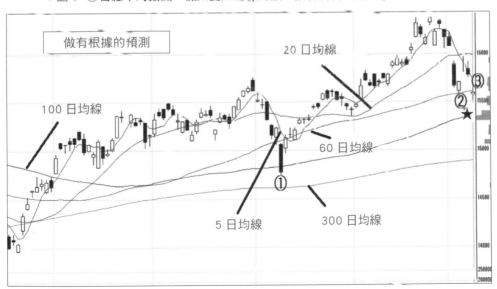

這就是線索。據此來想想「假如變成那樣的話,接著會變成這樣」。在②的地方跌到 60 日均線,雖然一天就反彈,但是回跌,來到了③。

這樣來看,要是其後跌破 60 日均線變成黑 K,因為在①的地方跌到了 100 日均線處,因此這次搞不好也會跌到 100 日均線,或者搞不好會跌到 300 日均線處也說不定。

預測結束後,再去看接下來的實際線圖,這是為了「對答案」。

自己的答案符合實際狀況固然值得恭喜,但如果沒答對,就要去想,該如何思考,才能預測到真實的變動狀況。思考的素材全都存在於圖當中了,這個流程是最重要的。

這種預測和「對答案」的練習,正是「假如變成那樣的話,接著會變成這樣」的練習。這項練習也同樣請各位多做,做個一、兩百次,已足以讓預測正確的機率提升到相當程度。

練習法③
穿鑿附會練習

這練習要用到許多腦細胞，不過很有幫助，會動員到你從過去學到的所有知識。使用的圖表和解讀練習時一樣，一張約五個月左右的日線圖。

直接用圖說明會比較好懂，因此請看後面的圖 9- ③。拿著這張圖由左按時間順序一直往下解讀。這時，和往常一樣，一面觀察 K 線與「移動平均線」間的關係，一面客觀地看這張圖。

此一練習看來像是穿鑿附會，其實不是。這一點請各位要了解。

例如，在 A 的地方，想要著手建立放空部位。但若為正式的交易，能否做得到就不知道了。

這時，針對：「要如何思考，才能在這個時點著手放空呢？」要從客觀的事實找出原因來。以 A 來說，我的話會這樣想：

　　「股價漸漸在漲，A 的上一個與上上個交易日的 K 線都在差不多位置。上上個交易日是紅 K，上個交易日變成黑 K。而 A 這天的 K 線也在同一水準，是黑 K。三天的 K 線走平，代表著止漲的意思。而且三根 K 線當中，後面兩根是黑 K，走弱。而且，此處的股價是 2,500點這個意義非凡的『整數關卡』。這裡要放空！」

　　也請把目前為止知道的知識全都拿出來應用，想一想在 B 的那裡應該要放空的理由，歡迎穿鑿附會。

　　我的話會這樣想：

　　「★之後，下跌。跌破了一直以來沒有跌破過的 60 日均線，這是在走弱。」

　　「其後雖然反彈到終於突破 60 日均線，但未能上漲到先前高點★處，在 A 那裡就止漲了。這時只超過 60 日均線一點點，馬上就又跌破 60 日均線。還跌到靠近 100 日均線，走勢變得更弱了。」

　　「其後再次反彈，這次是一根較長的紅 K，但在 2,500 日圓這一大『整數關卡』處出現黑 K。結果和 A 一樣，未能突破★處的高點，同樣停在 2,500 日圓，走勢漸弱，這根黑 K 要放空！」

▼圖 9- ③ 9602 東寶 2014/8/8 ～ 2014/11/27 日線圖

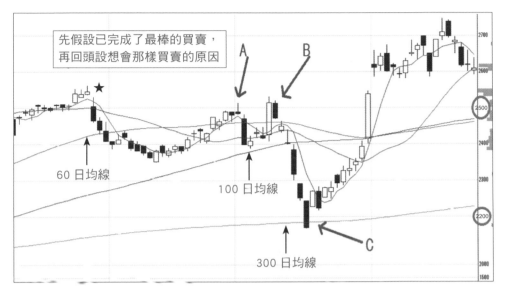

> 先假設已完成了最棒的買賣，
> 再回頭設想會那樣買賣的原因

那麼，來想想為什麼要在 C 的那裡著手買進吧。

「因為 300 日均線和 2,200 日圓這個『整數關卡』重疊了，由於判斷會止跌，雖然是黑 K，還是著手買進。此外，到這裡為止若曾經放空，在以黑 K 下跌的過程中，要把它們清空。」

雖然或多或少有穿鑿附會的部分，但還是運用了至今學到的知識，用 K 線、「移動平均線」、股價位置（過去的高點、低點、「整數關卡」）等因素，試圖提出一套作法。

這麼做也是很有幫助的。

以我目前的知識、技術來說，會想到以上的內容，是頗為合理的。

但各位目前的知識、技術，可能很難想到這個地步吧。正式交易時，可能會出現一股「我實在無法在這個時點放空」的念頭。

看在你的眼裡，會覺得是穿鑿附會，所以這個練習才要命名為穿鑿附會練習。

我和我的學生們不知做過幾次這樣的穿鑿附會練習。不斷練習後，養成了在實際交易中，有辦法在這樣的狀況下說放空就放空的能力。就算是在截然不同的時期下的其他個股，這樣的放空思維，在很多狀況下都還是能夠適用。

基本的思維就是這樣的。

由於圖表就是一切的結果，不管講什麼，圖表都是對的。因此，已經有了結果再回頭來看圖表，想找下跌的原因，在不同個股間找出來的共通點，其實就是一種法則。看似穿鑿附會，其實一點也不穿鑿附會。

　　但有一點要注意，這種練習方法，只著眼於買進或放空，以及賣出持股或回補空單這幾個部分而已。想當然耳，在實際交易時，考量到安全性，要分成多次，一面建立放空與買進部位，一面做「部位操作」。

練習法④
局部「部位操作」的練習

　　練習法①～③練習的是解讀「股價趨勢」，練習法④、⑤要練習的是具體的「部位操作」。

　　此一練習需要的是電腦與線圖。雖然要用到電腦，但也不需要什麼困難的操作，只要能看線圖就夠了。

　　雖然用哪種電腦都無所謂，但線圖倒不是任何一種都行。各位的心中可能都有著遠大的投資目標，像是「今後準備要靠股票的買賣不斷賺錢，努力賺到夢想中的一億日圓」。所以對於圖表應該要有堅持才對，因為它是交易時最重要的工具。

　　圖表是重要的工具，請務必選用最好的。職業網球選手在每場比賽都會幫球拍換新線；職棒的鈴木一朗選手，對於球棒也是異常寶貝。用半吊子的態度看待工具是不行的！

　　好了，接著談練習的內容。像圖 9-④那樣，在電腦畫面上叫出線圖。

　　畫面的箭頭處寫著 1 月 22 日，股價突破 300 日均線，在突破 100

日均線後走平。其後止漲,逐步下跌。止跌發生在 A 和 B 的低點,也就是 850 日圓「整數關卡」的附近。

首先,像這樣解讀。

接著,切換電腦畫面。

請看圖 9- ⑤。這是把先前圖 9- ④的箭頭(1 月 22 日)處弄成電

▼圖 9- ④ 7201 日產汽車 2013/9/25 ～ 2014/2/24 日線圖

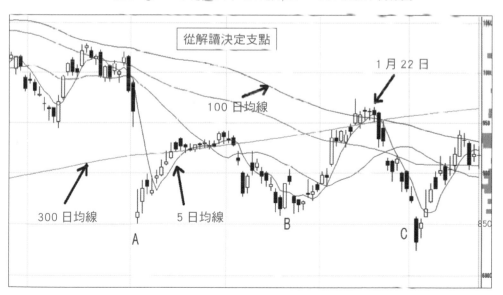

腦畫面最右側（★的部分）而得到的圖。也就是說，先解讀股價的動
向，解讀完的部分隱藏起來，再在電腦畫面上顯示出回到先前時間點
下的圖。

　　由於這張圖的後續部分已經在剛才分析過了，腦中隱約還記得。
現在要來做「部位操作」。圖9-⑥是用電腦把9-⑤往前推進一天的
狀態。左上出現2：0，代表著目前的部位是2：0。由於長長的黑K

▼圖9-⑤★的時點為1月22日，這是從9-④回到更早時間點的狀態

把支點往右端移動

▼圖 9- ⑥ 從 9- ⑤前進一天的狀態

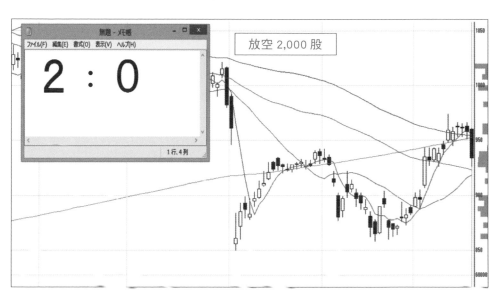

▼圖 9 ⑦ 從 9- ⑥前進一天的狀態

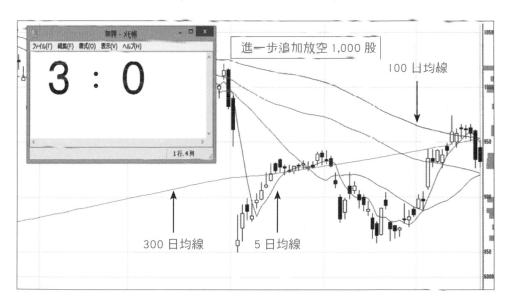

跌破 5 日均線、100 日均線、300 日均線等「移動平均線」，放空 2,000 股。

再前進一天。這是圖 9- ⑦。

昨天開盤，姑且回到了各「移動平均線」上方。

但今天的 K 線是以黑 K 跌到了 5 日均線、100 日均線、300 日均線等「移動平均線」之下。也跌破了 950 日圓這個「整數關卡」。因此，追加放空 1,000 股。電腦的畫面上顯示出部位是 3：0。

要像這樣一面把電腦畫面一次前進一天，一面做「部位操作」。練習的時間長短可以設在大約 10 到 20 天結束。以剛才的例子來看，股價這波下跌在跌破 950 日圓後結束，反彈往上。在這股反彈止漲時，結束練習。

對於這樣的練習方法，你應該有疑問吧？

沒錯，針對已經知道後續發展的事，再重新交易一次，有意義嗎？就已經知道了，不是理所當然做得到嗎？

但實際練習後，會發現出乎意外的做不到。假如只是因為知道會先跌再漲，所以只要買進就好，那這種練習就失去意義了。這種練習

法是一次前進一天，逐一找到買進的理由。假如找不到理由，那就不買進也不放空。就是這樣的規則，加上這樣的限制後，會變成「明知道未來的股價走向，練習時卻無法隨心所欲『操作部位』」。

總之請練習一次看看，我想應該可以感受到此一練習的有效性。這種練習方法還有第二部分。

有時候，也可以不要去看後面的部分，試著練習在相對較短的期間內交易。這等於是在試自己的本領，由於得完全靠實力，要有成果很不容易。

但即使如此，也不要失去自信，無法做到的地方，就是自己較弱的地方。請試著養成深入思考的習慣，以了解自己要如何思考才能克服這些弱點。一步一步來，一開始或許滿是弱點，但慢慢的你會發現，弱點開始慢慢變少了，請反覆做這樣的練習。

啊，這是不是愈來愈像是練習鋼琴或寫書法了呢？

沒錯。

股票投資就是一種技術！

練習法⑤
長期「部位操作」的練習

現在介紹的最後一個練習方法。

練習法④是短期間的交易練習，⑤是更長期間的交易練習。這練習是要試著綜合運用在練習法①～④當中培養出來的技術。

以鋼琴的練習來比喻的話，練習法④就像是試著單獨彈奏各小節，並試著連續彈奏多個小節。練習法⑤就像是直接彈整個樂譜一樣。要運用至今練習過的所有技術，試著做一到三個月的交易，視股價的趨勢也可能要做半年的交易。

至於練習的方式，只要想成是把練習法④的期間拉長，就對了。

和練習法④一樣，可以先看過整體趨勢，某種程度了解股價動向後再練習「部位操作」，但也可以完全不事先看過，直接練習看看。

這練習一開始也一樣會卡卡的，但不能這樣就放棄。無法做到的地方就是你的弱點，做不到的地方要好好反省，不斷重新深入思考，這是很重要的。技術能否精進，就看你如何踏實的反覆練習和反省。能夠撐過去的人就是贏家。

— 專欄 —
練習、練習、練習、練習、鍛鍊、鍛鍊

練習可創造神經迴路

第九章介紹了五種練習方法。

一旦分別做這些練習，各自會有一些容易碰到的問題。我會在此說明，請各位謹記於心，務求避開。

執行練習法①時，一開始會有種種不同的發現，而感到很有樂趣。隨著練習的線圖張數愈來愈多，你會覺得自己好像已經把絕大多數的東西都搞懂了。練習個 100 張後，你開始覺得，再練習下去好像也沒有什麼新東西了，漸漸的就容易疏於練習。我絕大多數的學生，都得了這種病。

但每個人因為各自的不同因素啟發，又重新展開練習，察覺到「果然應該持續練習下去才對」。

持續執行練習法①後，各位的腦子裡就會形成一個足以理解股價走向的神經迴路。一開始這神經迴路還很脆弱，但在反覆練習後，就會成長為牢靠的神經迴路。

　　一旦真正用自己的資金正式交易，就會愈來愈常碰到這種情形：雖然心裡想著「這裡應該買進」，但就是怎樣也無法付諸行動。

　　能夠促使我們採取「可以買。好，下手買吧」這種實際行動的，就是這個強固的神經迴路。

　　雖然有一種說法是直覺做出了正確判斷，但專家的直覺，是靠踏實的練習創造出來的成果。一直以來逐步形成的神經迴路，在不知不覺間發揮了作用。不過，直覺是仰賴不得的，我們在交易時必須要能懷抱著高度的確信感。

　　牢靠的神經迴路不是一朝一夕可以形成，請各位帶著對於它的信心，持續踏實的練習下去。也請用這段話勉勵自己：「我現在正在打造神經迴路，練習的次數很重要，雖然相場師朗說練習到一半會感到厭煩，但我非得克服這樣的阻礙不可。」

　　但在厭煩之前，還有別的事情會發生。

　　那就是「我做不到、我不懂」，由於練習一直不順，就會產生一種不安的心情，覺得：「一直這樣練習下去，我的投資技術就真的會變好嗎？」

　　萬事起頭難，這是理所當然的。

　　讀了我的解說後，思考一下，然後再讀，再思考。反覆讀這本書，直到它變得皺巴巴的，只要這麼做，絕大多數的人都能學會。沒問題，一定會變順利的。

　　於是，一開始得花 30 分鐘才能解讀一張線圖，就會變成只要 5 分鐘就能完成。就像是第一次去一個地方，一開始可能得花 一小時間，等到固定往那個地方跑，習慣之後，可能只要 40 分鐘就能抵達。類似這樣的情形是經常發生的。股票投資的技術也是一樣。

懂和做得到是兩回事！

　　最後，還要告訴各位很重要的一件事。

　　那就是懂和做得到是兩回事。

　　Panasonic 的創辦人松下幸之助先生曾講過這樣的話：

　　「我們公司的員工已超過一萬人。這麼一來，像東京大學那種學校頭腦好的畢業生，也會來加入我們公司。對於這件事，我有一種危機感。」他說這話的原因，是出於「頭腦好的孩子有一種傾向，一旦他的腦袋覺得已經理解了一件事，就會誤以為自己也做得到那件事」之類的因素。

　　很多事都是這樣，就算腦袋已經理解，但實際去做，會發現自己出乎意料做不到。等到在工作中實際需要運用到那件自以為理解的事情時，就會因為自己完全做不來而煩惱。

　　松下先生當時是在擔心，會不會發生這樣的事。這一點正如他所言，在股票交易的世界，也是完全相同的狀況。

　　一直以來，我最常對股票教室的學生一再講的一句話，就是：「懂和做得到是兩碼子事！」

　　「股價持續攀升，K線一直維持在5日均線上方。出了一根好久不見的黑K，跌破了5日均線。連續幾天跌，黑K觸及20日均線。隔天，又變成觸及20日均線的紅K」

　　這種時候，基本動作就是買進。雖然腦中很清楚這一點，但實際上，一碰到這樣的狀況，往往會下不了手買進。懂是一回事，做得到是另一回事。

　　這和我在演講時經常舉的高麗菜切絲的例子是一樣的。對於高麗菜的切法很清楚，但是拿起菜刀和砧板實際切，卻無法把自己已經理解的切法落實出來。那麼，該如何才能把「懂的事」變成「做得到的事」呢？

這就得靠練習了。

　　一而再，再而三的多次練習，再練習。做不到，那就挖空心思調整，再去做。還是做不到，那就再做，最後就會變成做得到，這就是練習。

量、心思、質

　　在練習當中，首先需要的是絕對的量（數），沒有足夠的量，就什麼也不必談了。透過足夠的量，讓一直以來未能看出來的地方，變成看得出來。不過，也不能為了追求量，而讓練習的內容變得太草率，還是必須要仔細地練習。

　　一旦練習的量增加，腦中就會浮現諸如「在這裡這麼做似乎更適合自己」、「這樣練習的效果似乎更好」之類的想法。

　　請務必在練習當中加入這樣的內容。花心思在練習上，是很重要的。

　　我一直要求股票教室的所有學生，都要持續做一種叫「Paint 練習」的東西。這東西講起來就費唇舌了，因此在此割愛。不過，它是我去年想出來的練習方法，效果極好。我自己也比誰都做了更多的「Paint 練習」，即使我買賣股票已經 40 年，還是能夠想出新的練習

方法。

請各位在追求量的同時，也要試著多花心思。

等到量、心思都到位，最後就是質了。實現了量之後，就會伴隨著某種程度的質，所以才會說「量變帶來質變」。

確實是這樣。不過，這裡所講的質，指的是有意識地提升質。例如，並非漫無目的練習「假如變成那樣的話，接著會變成這樣」，而是要猛烈地集中練習，一直到自己覺得「不可能再往上提升了」為止。

除此之外，像這樣的練習方式又如何呢？

「這個月的練習，就放在徹底分析 100 日均線與 K 線的關係上吧。然後根據分析的結果，利用過去 20 年間的線圖，練習在 100 日均線附近的『部位操作』。」

這會讓人燃起鬥志！

練習的要訣在於量、心思、質，也許你會覺得「我沒辦法做到那樣，也不想」。

　　但你用來投資的錢，可是你每天工作好幾小時才賺來的寶貴資金。假如不練習就交易，那和賭博沒兩樣。

　　我認為，就是得練習到這種地步才行。

Chapter **10**

正式展開交易！

選股與心理準備

選股的重點

成交量愈大愈好

在正式交易時最大的問題，我想是選股。

我的買賣手法的基本思想中，存在著一個事實，「股價會不斷漲漲跌跌」。

既然股價反覆的在漲漲跌跌，漲可以靠買進獲利，跌可以靠放空獲利。最理想的，當然就是有規則地不斷漲跌了。

例如，跌到 400 日圓時止跌反彈，漲到 800 日圓處又止漲回跌。假如一直這麼有規則的話，就在 400 日圓處買進，在 800 日圓處全數賣出，然後在 800 日圓處放空，在 400 日圓處全數回補。只要有成交量，要獲利多少有多少。

但遺憾的是，不存在這樣的個股。

那麼，有沒有個股的股價變動近似於此呢？也就是雖然股價的漲跌沒有到百分之百規律化，但相對來說漲跌軌跡比較漂亮的個股。

　　這種個股還滿多的，像是 JPX 400 **指數的成分股、日經 225 指數的成分股**都是 ❺。在這當中，成交量高的個股，會不斷呈現比較漂亮的漲跌軌跡，也就是會形成「運動軌跡」。利用此一「運動軌跡」而獲利的交易法，就稱為「運動軌跡獲利法」。這種交易法的起源，可回溯至江戶時代。

　　成交量高，代表存在著許多賣股人與買股人。參與者多，其中有賣股人也有買股人，買股數與賣股數的多寡，造成股價相對應的變動，形成規律上下起伏的「運動軌跡」。

　　曾經發生過這麼一件事。

　　我正在國外出差時，有證券公司打手機找我，內容講的是：「您大量買進證券代號 1560 的 ETF（在交易所上市的投資信託），是有什麼考量嗎？」似乎是東京證券交易所緊急詢問證券公司。雖然我當時沒有印象有這件事，但心裡不覺想到「可能是那個吧」。

　　原本我打算在午盤開盤時買進 3,000 股證券代號 1570 的 ETF，但那時我很忙碌，因此真正下單買進，是在午盤開盤後過了一下子的事。下單買進後過了一會兒，看下單紀錄，發現買的不是 1570，而是 1560。

---

❺ 台股可選台灣 50 的成分股。

「慘了！我打錯證券代號了。」

我去察看了一下，發現是一檔我完全不懂的個股。再去看它的線圖，發現股價因為我的買進而大漲，畢竟那是一檔每天交易量才 50 股左右的個股，我卻一秒鐘就買了 3,000 股。

後來，我馬上賣掉所有持股，這次又引起了大跌。

才三分鐘的時間，我一個人就造成了大漲與大跌，證券交易所理所當然會覺得奇怪。我把實情告訴了證券公司，後來，或許我的交易有一段期間成了監控的對象吧。

好了，透過這個故事，我到底想講什麼呢？那就是成交量低的個股，除了因為我這種下單錯誤之外，也可能因為有人心血來潮或出於某種考量，做出了不同於以往的買賣，就會導致圖表走樣。若是 1570 這檔個股，投資人很多，就算我買賣 3,000 股（約 3,000 萬日圓）或是 30,000 股（約 3 億日圓），也不會對圖表造成影響 ❻。

我要建議各位買賣的，就是像這種成交量相對較高的個股。至於成交量要多少左右比較好？每天最好有 50 萬股，可以的話 100 萬股以上更好 ❼。有這樣的成交量，就能讓股價呈現易於理解的漲跌。再

---

❻ 台灣目前一般股票的交易單位為 1,000 股，即一張，未滿 1,000 股，即稱為零股。
❼ 以台積電為例，每日成交量約一萬張至三萬張左右。

者，不管你買還是賣，股價應該不會大幅變動。

以 500 日圓買進的股票，漲到了 560 日圓，想要獲利了結而掛賣單，卻發現自己這個動作，導致股價下跌到 490 日圓。

成交量夠多的話，就不會碰到這種事。

股價有時候會因為推薦個股而變動

在成交量的部分，還有另一點要請各位注意的。

那就是，部分投資顧問推薦的個股。

例如，假設有投資顧問說：「我們向會員推薦日本概念（9386），結果大賺。」

於是我們趕緊去察看該個股的成交量，**卻發現每天成交量只有 20,000 股，並不算多。假如該投資顧問的會員，每人買進 1,000 股，**那只要 20 人就能創造出相當於目前的一日成交量。那這檔股票就沒什麼好期待的，因為不是投資顧問把會漲的個股推薦給會員，那檔個股反而是被推薦才漲的。

假設還有另一個投資顧問針對會員推薦竹本容器（4248），結果漲了。假如那家公司的股票每天的成交量只有 3,000 到 5,000 股左右

的話，那不就很明顯了嗎？只要這個投資顧問的會員有三個人各買進 1,000 股，就超過一直以來一天的成交量了。

對於投資顧問向客戶推薦成交量極低的個股一事，我甚為質疑。當然，大多數的投資顧問公司，都會為了客戶而認真提供服務，但為了防止自己買賣的個股股價因顧問公司的推薦而受影響，還是挑選成交量高的個股吧。

何謂適合自己的個股？

可能有點突兀，但容我請問一下，各位應該能夠理解，針對同一位女性，有些人會覺得「噢，她超可愛的」，也有些人會覺得「她並不可愛」吧。對於車子的偏好也一樣，人與人之間的差異滿大的。有人喜歡平實的轎車，有人喜歡保時捷或法拉利那樣的跑車。

順帶一提，我家的車子是 Lincoln Navigator，是一款大得可以的休旅車。

除此之外，每天我都搭不同的車子。以顏色來說，有黑色、白色加藍色、綠色加黃色等。

對於那些覺得「顏色好奇怪」的朋友，我要說你很敏銳。因為我是搭計程車，我忙到一直沒去辦理駕照換發，過了期限，現在變成無

照了（笑）。

好了，言歸正傳，每個人的感受方式都不同。對於線圖中漲跌的股價變動，每個人同樣也有不同感受。就算是我覺得很容易掌握的變動，另一位老投資客也可能會覺得「對我來說變動太快速了」。

重點在於，要挑選一個自己覺得其股價動向易於解讀、部位易於操作的個股。光是這樣，你就會愈來愈有感。

不過，即使如此，一開始可能連什麼樣的股價變動易於解讀，或是什麼樣的個股易於操作，應該也是沒有概念，所以我來給各位看幾個例子。

請看下一頁圖 10- ①。看到這樣的變動軌跡，各位覺得容易掌握嗎？我覺得滿好掌握的。

圖 10- ②是同一時期東京海上控股公司的日線圖。這張圖又如何呢？我覺得也滿好掌握的。

那麼，請看圖 10- ③。這張圖似乎就給人難以解讀的感覺。它下方的圖 10- ④又如何呢？似乎也難以解讀。前面兩張圖，呈現比較易於了解的「運動軌跡」。不過，後面兩張圖倒也不是完全不適用於「運動軌跡獲利法」。

▼圖 10- ① 9432 日本電信電話 2012/5/18 ～ 2012/10/9 日線圖

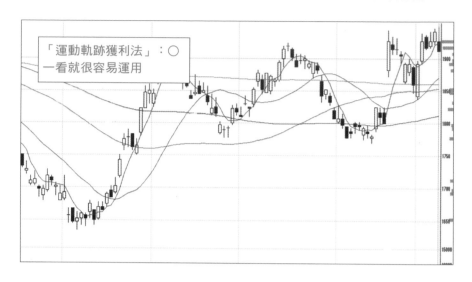

「運動軌跡獲利法」：○
一看就很容易運用

▼圖 10- ② 8766 東京海上控股 2012/5/18 ～ 2012/10/9 日線圖

「運動軌跡獲利法」：○

▼圖 10-③ 8202 樂購仕日線圖

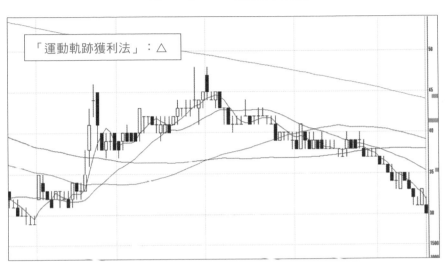

「運動軌跡獲利法」：△

▼圖 10-④ 6495 宮入閥門製作所日線圖

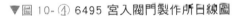

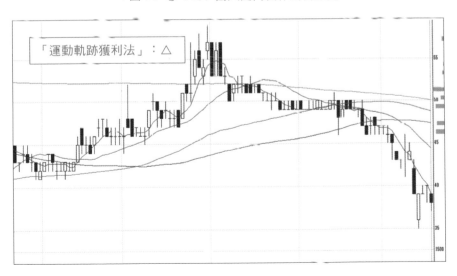

「運動軌跡獲利法」：△

雖然我還想找出變動更缺乏統一性的個股，但我找不到。

原因在於，我在圖表中登錄的個股，全都是 JPX400 指數（正式名稱：JPX 日經 400 指數，挑選代表日本的 400 家優良公司的個股構成的股價指數）採用的成分股。

也就是說，這些個股的成交量多半還算多，股價變動也多半都能呈現出鮮明的軌跡。

不過，我必須為了企業的名譽站出來說，成交量低不代表公司的體質差。我在這裡講的，只不過是它們是否適於採用我的交易手法而已。

可融券個股

最後要講一件重要的事，那就是「可融券個股」，這指的是在「信用交易」中，可以放空的個股。至於放空的機制，已於第三章介紹過了。

其實，在東京證券交易所上市的個股當中，還是有很多個股不容許放空。要想運用本書教的技術投資股票，就必須挑選容許放空的個股。

不選十倍股

用網路搜尋，會發現一些「不斷出現兩倍、三倍股」、「鎖定十倍股」之類的廣告。在這裡要問個問題，電視新聞等媒體報導的「今天東京股市股價大跌」，或是報上寫著「東京股市暴跌」時，各位覺得下跌率大概是多少？

2015 年 12 月至 2016 年 1 月間，曾出現一波很大的跌幅，但也不過是從日經指數 2 萬點跌到 1 萬 6,000 點而已，換算成下跌率約為 20％。在報導中喧騰成那樣的下跌，大多是落在 13％到 15％，因此可知 20％的跌幅很大。以「暴跌」稱之的跌幅，也差不多就這個水準。

「不斷出現兩倍、三倍股」、「鎖定十倍股」，就代表著「不斷出現報酬率 200％到 300％的個股」、「鎖定報酬率 1,000％的個股」的意思。就連 40 年來一直磨練股票投資技術的我，也做不到這樣。

確實，在「安倍經濟學」或「小泉泡沫」下，有不少個股的股價都漲為兩、三倍。「小泉泡沫」時，五年內日經平均指數就漲約 2.5 倍。

不過，那也是花了五年才達成的。雖然因人而異，但通常抱著同一檔股票長達五年，就是被套牢的意思。

在打出兩倍、三倍、十倍那樣的宣傳文字時，無論是貼的人還是

看到的人，我都不覺得他們已經預測到五年後的股價動向。搞不好連一年後、半年後都沒有去預測呢。

更基本的問題是，要是能夠那麼容易鎖定十倍股，那根本不必教別人，就自己偷偷買，還能夠賺比較多，這是我的看法。

我建議不要去找什麼十倍股、大漲股，還是要踏實地掌握股票的漲跌才對。

其實，投資報酬翻兩到三倍，我們也做得到！

我有好幾個學生，一年就讓本金翻兩、三倍，但沒有人是以賭博那種孤注一擲的方式賺到的。大家都只是解讀單一個股的「股價趨勢」，踏實地追著其漲跌交易而已。

用我們的方式，就不必再四處找尋投資翻倍的個股了，因為所有經手的股票，全都會變成兩倍股、三倍股。

請看圖 10- ⑤。假如一直以來你的交易都只有買進而已，那麼你的賺錢機會就只有 B、C、E、G 處的股價變動。

▼圖 10- ⑤ 1911 住友林業 2014/9/30 ～ 2015/1/22 日線圖

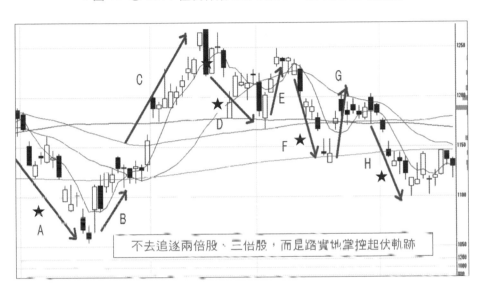

不去追逐兩倍股、三倍股,而是踏實地掌控起伏軌跡

但如果你並用放空,那麼在★的部分,你也有獲利的可能。

A ～ H 全都會成為賺錢機會。

請不要去追逐兩倍股、三倍股,而是踏實地跟著這樣的漲跌買賣股票。

盤中不交易

　　很多人常問我，什麼時間交易比較好。我自己放空、買進股票的時間，原則上只在每天的下午兩點半到三點而已。基本上，我不會在其他時段交易，我也幾乎不會一整天都盯著股價看。

　　對於超愛投資股票的朋友來說，想必很痛苦吧！「愛股票愛到難以自己」、「最愛盯著電腦畫面中，一整天一閃一閃的股價變動」這樣的人，我想應該很多。

　　我很能了解那種感受。

　　各位就是因為這麼熱愛股票，才會來看我這本書。買了那本書，又買了這本書，我想，讀者應該是抱著「這是最後一本了」的心情，買下我這本書的。

　　為賺取穩定報酬，需要的是不靠偶然運氣好的交易。為此，就必須先解讀「股價趨勢」後再交易。

　　各位覺得，在解讀某人下次的行動時，怎麼做會比較好？

大多時候，應該都不會單單只以他某一次的行動做出判斷。應該會暫時觀察看看，他是否持續在採取這樣的行動。

股票的交易也是一樣。

應該先觀察一陣子，判斷那是趨勢還是只是暫時性的變動。從這個角度來看，盤中交易（白天鉅細靡遺地買賣）時，會很不好判斷。比較聰明的做法是，去解讀集每天交易之大成的連續日線圖。

這樣才比較有充裕的時間與心力，可以好好思考接下來的作戰方式。基於以上觀點，我建議各位買賣股票的時間是這樣的：

「根據下午三點收盤後產生的 K 線（日線）研究盤勢，在隔天開盤（上午九點開市時）前下單」。

也就是「不在盤中交易」的意思。

練習與正式的比例是 95：5

有些朋友已經退休，很有時間，又很愛投資股票，愛到不行，這樣的朋友也是一樣，白天的時間不要用來在盤中交易，請當成是練習的時間運用。

我對學生們的口頭禪，不是只有「懂和做得到是兩碼子事」而已，還有「練習 95％，正式 5％」也是。

若有時間白天在盤中和股價鏖戰，還不如把時間拿來練習，藉著練習建立對股價變動的感覺，藉此在正式交易時應用。

透過練習提升技術，然後在正式交易時發揮實力，是最理想的。

不過，許多人卻遲遲難以做到。真的做不到、做不到、做不到、做不到。

這是我的學生們在成長過程中最感煩惱的事。

原因何在？就在於練習不足。

練習是為了誰？是為了你自己、為了家人、為了伴侶、為了父母，你應該排出時間不斷練習。應該要做出這樣的決斷，一旦決定了，就應該為了達成目標，而斷然排除其他雜事，沒有任何推託理由！

練習的前方是光明的未來，練習是不會背叛你的。

反省也是重要工作

無論正式交易還是練習，都伴隨著反省。不管是一切順利，還是失敗時，都一樣要反省。

世界上絕大多數投資人，都是不練習就正式上場。而且，投資失利時，往往不是套牢就是停損，然後又去找尋下一檔個股。

股票投資靠技術。由此觀之，不如預期的交易，背後是有原因的，只要徹底找出原因，就能得知自己的弱點。是分批買進比較弱呢、分批放空比較弱呢、箱型（股價在一定範圍內小幅波動）比較弱呢、還是不擅長避險呢？

在練習中，除了基礎練習外，把練習內容集中在自己的弱點上，也是必要的一件事。

日本將棋聯盟會長谷川浩司先生，與圍棋名人井山裕太先生，在其著作中曾有一番對談。他們在對談中提及，「輸掉時，更應該好好面對與追究自己的不是之處」。

他們還提到：

「如何活用失敗，使它成為下回的成長食糧。」

「為何會輸掉？不好好反省的話，是不會成長的。」

說的真對，這才是專家處理工作的態度，世界上成功的專業人士，應該都會做相同的事。我認為愈是實力堅強的人，就愈會這樣做。

「好，我知道了，相場師朗說得對。」有這種想法的人，其實還是很危險。

就算已經搞懂，很多人還是不會實際去做，這一點我很清楚。前面提到過的「懂和做得到是兩回事」這句話，也已經表達出這樣的觀點了。

股價止跌，在底部不斷地小幅漲漲跌跌，這正是在打底，可以看成是今後即將大漲。於是，在這裡稍微布局，分批買進一下。

然而，今天卻是黑 K 跌破了底部價位。

這時，該怎麼辦才好？

有多種不同的因應方式，但首先要做避險性放空。接著，要清掉部分多頭部位。這是基本的動作。

可是，多數人卻會因為「不，明天應該會反彈的，我有證據」之類的原因，而仰賴樂觀的預測。

於是，就變成了龐大的損失。這種時候，正應該反省。

「好，把這份線圖印出來，和注意事項一起貼在筆記本上。然後要時時重新閱讀這本反省筆記本。」

若能做到這樣，不知道能活用到之後的多少交易上。

雖然我覺得幾乎沒有人會去製作反省筆記本，或是就算做了也幾乎不會去看。

我建議的反省方法

我在股票教室裡，向大家介紹過多種反省方法。以下這種如何呢：

「證券代號 證券名稱、○月╳日，放空○○○○股」證券公司的買賣明細，我想應該就是長這樣的。

假設在這筆交易中失敗，蒙受了龐大的損失。

把這家證券公司的買賣明細印出來，貼在筆記本上。在同一頁或隔壁頁，貼上自這個○月╳日起往前大約三個月，以及往後大約半個月左右的線圖，然後把○月╳日的時點圈起來。

看著圖中的「移動平均線」與 K 線間的關係，再以「假如變成那

樣的話，接著會變成這樣」的思維以及穿鑿附會的思考，自我反省。

只要這麼做，大體上都會得到一個結論：

「我為什麼會在那個時點放空呢？」

這樣的反省方法，還滿有效的。

接著，可以再思考下去，而想出像這樣的東西：

「在類似這樣的狀況下，該在哪個時點怎麼買進比較好？該怎麼做才能讓獲利再增加？有沒有更好的方法呢？」

只要能做到這樣，就能促成進步。

反省，不是在事後收拾殘局，而是極其重要的當下工作。

請將這一點銘記於心。

NOTE

Chapter 11

下定決心成為專業操盤手

只要持續練習，世界會變得不同！

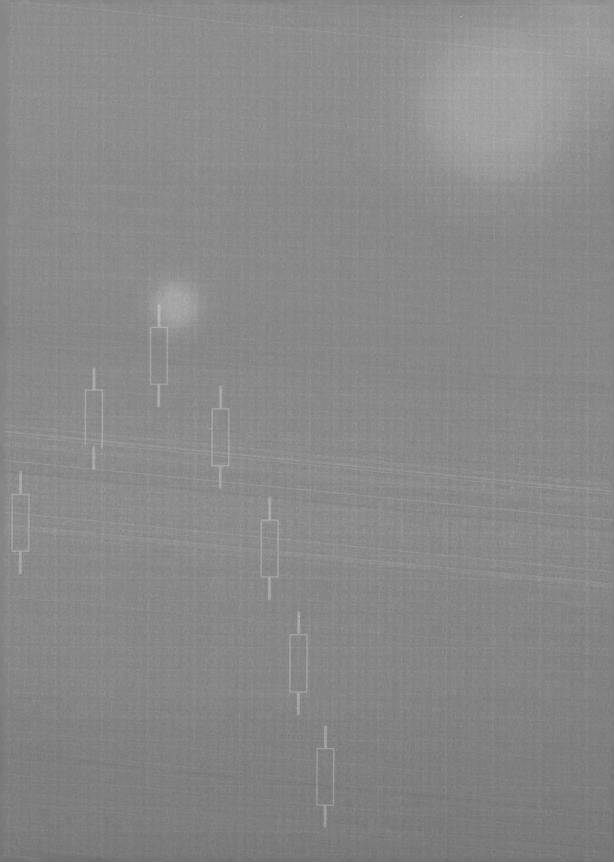

愛麻糬，為麻糬而生

大概十年前左右吧，那是我搭的計程車停下來等紅燈時的事。

我不經意看向右手邊的窗外，看到一棟大樓的一樓有個商店的招牌，招牌上寫著：「愛麻糬，為麻糬而生。」

我還記得，那時，我非常的感動。

一開始，我不知道那是什麼意思，但就是給我某種很震撼的感覺，就好像下定決心要專心致志地向前邁進一樣。

那個招牌，是一家名為「麻糬吉」的仙貝店的招牌，我後來才了解到為何用那樣的招牌。

我這個人是專心致志只做股票，我的目標是成為股票買賣的專業操盤手，雖然同樣是買賣股票，但如果內心有以下這個想法：

「我是專業操盤手！」

在交易時就會產生一股嚴肅而專心致志的感覺，集中力也會源源不絕。

本章要一面回顧至今介紹的投資方法與心理建設，一面向各位指出，持續磨練股票投資技術時應該遵循的方向。

擋住「希望之光」的阻礙

已經讀到這裡的你，我想應該很清楚「股票投資靠技術」的意義了。在憑藉著技術交易時，你已經看到了新世界與希望，不是嗎？我還記得小學時，自己曾經在新年時以毛筆字寫下「希望之光」一詞慶賀新年。在眼前看不到光的狀態下，固然會失去想要努力的動力，但只要看到了「希望之光」，就可以自己設法努力下去。

在我的學生當中，很多人都是看到「股票投資靠技術」這句話，感受到了「希望之光」，而加入我們。

好了，現在各位力求成為專業操盤手，在讀了本書後，也做出了決定。但今後的各位，還有各種阻礙橫亙在眼前。

正如我在專欄處提到的，一開始會有一些各位無法馬上理解的地方。也有一段時期會開始煩惱著：「是不是只要我不去管它，繼續練習下去，就真的能變成做得到呢？」

請各位在持續練習時，先在心中做好心理建設，「我當然會因為不斷練習下去而變成做得到」，回想一下當年學騎腳踏車的事，回想

一下學背九九乘法表的事。一開始，不也是什麼都不會嗎？但現在卻是不當一回事的輕鬆做到。只要一而再再而三地深入思考，就有機會茅塞頓開，產生「啊！原來如此，原來是這樣」的感受。

我希望今後各位可以一再碰到這樣的經驗。至今我也多次有過這樣的經驗，而且現在還持續著。

大家很容易以為，成功的人可以毫不費力地把事情做好，他們凡事都很順利。但事實上，地位高的人，在他們的地位上，每天還是一樣有煩悶的事要想，他們也不斷的在陷入走投無路的狀況下尋求突破，然後緊接著又一再重覆同樣的循環。成功的人與一切都不順利的人，差異就在於是不是具備了氣慨，足以克服會一再到訪的種種阻礙。

無關能力

前一章已經提過，成為專業級投資人的練習方法。

既然以專業級為目標，那應該要盡快在腦中建立起解讀股價動向的神經迴路。為建立神經迴路，就非得做很多的練習。

我想，應該有很多朋友，既想要透過股票投資獲利，卻又想要維持一直以來的生活模式，所以不想分配時間練習吧。

但遺憾的是，用於解讀股價動向的神經迴路，勢必得靠許多的練習才能建立。練習的量愈多愈好。為了自己光明的未來，拿到這本書的此時此刻，正是應該努力之時。

國中時不用功，未能上理想高中的朋友；高中時蹺課的朋友、上班後過著懶散生活的朋友。這些，都已經是過去了。只要現在起發憤圖強做好練習，一切就沒問題。

生於美國、長於美國，因此長住美國的人，講起英語來自然是相當流利。即使是你我，在相同條件下，現在英語應該也是講得嚇嚇叫。無關能力，只看你如何置身於那個環境，如何利用那個環境。

在打造解讀「股價趨勢」的神經迴路時，也是一樣的道理。現在起也行，為什麼不發憤圖強展開你的練習呢？

到頭來，還是會贏在
練習過的地方！

該練習些什麼才好？

第九章介紹了五種練習法。一開始，我建議先練這兩種：

- **解讀趨勢的練習**

- **預測變化的練習**

一面讀懂 K 線與「移動平均線」間的關係，一面盡可能累積許多的練習量。說真的，我希望各位每天都練習，但這就要看你的決定如何了。假如你希望趕快上手，那就多練習一些。

在不斷練習時，應該慢慢的就會實際感受到，自己正在建立起我所講的神經迴路。應該也會產生一種「圖表這種東西，真像是有故事蘊藏在其中一樣」的感覺吧。

接著，等到形成某種程度的神經迴路後，就進入下一步。一面持續這兩種練習，一面展開「部位操作」的練習，這也是愈練習就愈熟練。

要注意的是像第十章點出來的那樣,一直會有阻礙來找你,由於阻礙一定克服得了,只要抱持信心,不服輸的面對就行。

就像有句話說:

「在學習英文會話時,最大的關卡在於打開課本。」

加入實戰要按部就班

一再練習後,就會想要實際花錢交易。以我的感覺來看,在你覺得「差不多可以實際交易了吧」的時候,應該要勉力忍下來。我認為從那個時點起,再多練習一些之後會比較好,畢竟需要用到現金嘛。

此外,就算是實際花錢交易,也一樣需要練習。若以駕訓班來比喻的話,就相當於道路駕駛的課程,解讀練習假如是在駕訓班裡行駛的話,實際交易就是在道路上行駛。

在實戰的練習中,執行時要遵守以下兩點:

①必須以所挑個股的最小交易量交易

不同的個股都有既定的最小交易量。像是 A 個股是以 100 股為單位,B 個股是以 1,000 股為單位,C 個股是以 1 股為單位。

由於 A 個股以 100 股為最小交易量，那就不要一開始買賣 500 股、1,000 股。因為只是練習，請優先重視「習慣於交易」這件事，而非獲利多寡。

②從確定性高的地方下手

請專心只想著要從有自信的地方下手（指買賣股票），做正確的「部位操作」。練習次數一多，就會知道「這個狀況對我來說很好操作」、「我在這裡的操作比在其他時點的操作有信心」等。

例如，假設我們正在做「假如變成那樣的話，接著會變成這樣」的練習。

再假設有一檔個股，漲到 20 日均線為止就下跌，而且不斷重覆這樣的漲跌方式。當這檔個股首度突破 20 日均線，接著挑戰 60 日均線時，未能觸及而以黑 K 下跌的話，就是放空很可能成功的時間點。

此時進場放空，等跌到首度出現紅 K 時，就回補空頭部位。一開始只要做到這樣就行了，重點在於要累積沒虧到錢的成功體驗。

即使如此，也不會次次都順利。雖然漲到 60 日均線處出現黑 K 後有頗高機率會下跌，但並非百分之百必然如此，也可能隔天出現紅 K 而上漲。

這種時候，要嘛就乾脆清空手中部位，要嘛就執行「部位操作」。

由於是一位掛著「新手上路」牌子的駕駛人，因此應該要謹記著要在自己有信心的情境下進場，而且要盡快清空。要是一心只想著要趕快獲利了結，就容易在信心不夠的情境下進場，導致太晚清空，或是買了太多股。

要盡快養成「在確定性高的地方進場」和「盡快結清掉」的習慣。

道路駕駛也請一而再再而三地練習。相對的，在駕訓班裡的練習也要繼續。抱持「練習占 95％，正式占 5％」的態度，是很重要的。

月收入破百萬日圓不是夢

成為專業級投資人的意思是，能夠在練習與實戰的不斷交替當中，找出更多高穩定性之處，並且能夠實際進場。

假設在道路駕駛時，針對某股價在 2,000 日圓的個股放空了 1 股。這時，就算一次跌 1％，也只是 1 股的 20 日圓獲利而已。假如一次跌 1.5％的話就是 30 日圓。這種程度的股價變動，是很常見的。

要是未來你有所成長，可以在同樣的場景下放空一萬股的話，獲利也會變成一萬倍的 20 萬至 30 萬日圓。

假設你同時交易三檔股票好了，到時候獲利會變成 60 萬至 90 萬日圓。這種程度的獲利，每月三次不是問題，因此月收入 180 萬至 270 萬日圓也不是夢想。

股票的買賣靠技術，而技術是具有可重現性的。

只要不斷練習，熟練之後，做到的機率就會變得很高。月收入 180 萬至 270 萬日圓，換算成年收入就是 2,160 萬日圓至 3,240 萬日圓。若是上班族，相當於大企業幹部級的薪資了。

股票的交易在稅制面也很有利。假如這麼多收入是薪水的話，可能會被課以 40％左右的稅金。但如果是股票交易得到的獲利，一律課 20％（日本稅制）。

所以當然會想要挑戰看看啊！不過，還是要按部就班地執行。

就和馬戲團的走鋼索一樣。一開始，先從 30 公分左右的高度練習起。慢慢習慣後換成 50 公分，再更為習慣後換成 1 公尺。一直練習下去，最後就能夠在 5 公尺的高度走鋼索了。

股票的交易也一樣，很容易會為了盡快賺取更多的獲利，而不由得交易了比較多的股數，但這會像是直接就在 5 公尺的高度挑戰走鋼索一樣。在這方面要注意不要按捺不住，欲速則不達。

練習才是致富的最短捷徑

你規律的每天交替著練習與實戰投資，累積經驗。這麼一來，到了某個時點，你會變得有能力創造二至三倍的年報酬率。

不是靠運氣，而是利用具有可重現性的技術，把 100 萬日圓在一年內變成 200 萬日圓的人，隔年就能把這 200 萬日圓再變成 400 萬日圓。

能夠在 30 公分的高度走鋼索，卻無法在 2 公尺的高度走鋼索的人，原因會出在他的心靈強度。

心靈的強度可以藉由練習的量來補足。正是大量的練習，在支撐著毫不動搖的信心。

別輸在這三件事情上！

別輸給時間！

無論是練習還是正式交易，請了解二者都需要時間。在練習方面，多做是必要的，用心練習的經驗，將會累積成為實力。

就像我們用餐後，食物在腸胃和其他消化器官處理過後，成為我們的血與肉一樣。

從種下稻苗，到收割稻米為止，也是要花一定時間的，不能以「種下稻苗，卻無法馬上收割稻米」為由而放棄。只要對稻苗施以足夠的照料，它就會成長茁壯，最後變成好吃的米。

也有人會以「這片土地種不出稻米」為由，跑去找尋別片土地。這個人就算跑到別的土地去，也會產生同樣的想法，而再次跑到另一片土地去。這樣的人，會不斷的在不同土地之間顛沛流離，因為他並未鑽研一件事到底。

相對的，也有人在最初開始的土地上細心地持續耕作，每天用心鑽研，在同一片土地上持續努力。他會去思考耕作之所以不順的原因，

也會去面對問題。

等到他解決了問題，又有新的阻礙出現。再次吃苦，到最後，他總算又解決了問題。這樣的努力，會促成他的技術進步。他一直以來未能做到的事，會開始做得到。這就是練習，一再的練習，可以讓做不到的事漸漸變少。

假如最早那片土地真的原本就種不出稻米，他的努力應該是不會有回報的。但我很有自信，我的股票投資手法，可以讓它成為「種得出米的土地」。

接下來，就只要把稻苗種下，不以花心力照料稻苗為苦就好，這需要忍耐。

當心靈因為練習而疲憊不堪時，要告訴自己這句話：

「別輸給時間！」

好了，練習之外，正式交易一樣需要時間，此話怎講呢？

舉個例子，假設你在正式交易。在打底的階段，你看好再來會漲，因此在分批買進當中。底部漸漸穩固了，現在正在第二度挑戰 20 日均線。

「很好，這次一定要衝過去。」

這種時候的情境是，「底部價位已穩固，離開打底階段，進入上漲局面」。但出來了一根黑 K，碰到 20 日均線，回跌了。股價下跌固然令人失望，但情境並沒有被破壞。必須要到「股價跌破一直以來維持的底部價位」的狀況，情境才算是被破壞。

因此，這個階段的「部位操作」，要像以下這樣才是正確答案：

「做避險性放空，視 K 線的排列方式或黑 K 的出現方式，一面追加避險，一面看著底部價位穩固起來。」

但如果因為現在股價碰到 20 日均線回跌就驚慌失措，你將會變成無法照著理論做交易，就算你在練習時遊刃有餘也是一樣。

這就是輸給了時間。

請想像看看，在練習時只花了幾分鐘到一小時左右，就可以完成二到三個月的模擬，而且不花錢。但在實際交易中，當然就得實際花二到三個月。在練習中看起來那麼小的日線，要等它出現一根，就得花上整整一天，而且一旦實際狀況與預期的不同，也會損失金錢。

這種對於時間的感覺差異，是練習與正式交易間的一大差別。就算線圖和自己預期的不同，還是必須忍得住這段難受的時間，冷靜地

掌握事態。你還會需要足以維持住狀況的心靈強度，要對自己目前的部位有信心，讓心情平靜下來。

假如在正式交易時失去了冷靜，請這樣告訴自己：

「別輸給時間！」

別輸給意外！

就算交易時完美地照著練習做，有時候還是會不順利。

假設在累積練習（駕訓班內的練習）與正式交易的練習（道路駕駛）經驗後，慢慢的已經變熟練了。

但有可能會出現這樣的情形：

「若照一直以來的型態，一定會漲或一定會跌，但這次卻一反預測，造成了損失。雖然已探究了幾個想像得到的原因，但還是完全莫名其妙。」

以前我也提過，股價的變動不會像天體運行那樣，分毫不差地移動，成交量愈高，動向就愈有預測的可能。但即使如此，還是可能出現出乎意料的變動。

這種時候，就想成是意外吧，你的內心必須對此一意外不為所動。

意外之後，請運用一直以來養成的技術，予以克服。假如這樣子就心慌意亂，交易會愈來愈走樣，使得狀況愈來愈糟。

這和棒球比賽中，投手被打者打出全壘打時是一樣的。明明只要投出一如往常的球路，就能把下一個打者解決掉的，卻被打擊出去，這使得投手更加失去了自己原本的投球節奏。

每天的交易也是一樣。發生意外後，明明早就知道該怎麼因應，卻產生一股擔憂的情緒，覺得：「要是再次不順利，該怎麼辦？」結果交易處理得不好，一再賠錢。

出意外後，必須不受影響，照著平常的判斷標準交易。這種時候，更需要堅持住，相信「只要如常行事，就會順利」，這時能夠撐住的人，就是不會被意外擊倒的人。

別輸給欲望！

欲望是我們把練習時學到的東西應用到實務中時，會形成阻礙的因素之一。

股價下跌，K 線跌破 5 日均線，也跌破 20 日均線。這時，著手放

空，然後在持續下跌的過程中，分批布局買進。其後，K 線觸及 5 日均線。

照理說，這不過是往底部走的預兆而已，若想成是止跌，就太心急了。但多數投資人會在這時候回補所有空單，只留下包括虧損在內，布局買進的部位。

由於是放空、布局買進，因此在進入上漲趨勢之前，買進會虧損是理所當然的。支撐住它的，是在一開始與下跌過程中放空的未實現利益。因此在這個例子裡，回補所有空單的時間太早了。

像這樣忍不住交易下去的原因在於欲望。

看看自己的買賣明細，放空的利益較高。相對的，買進的利益是負的。這種時候，一旦 K 線觸及 5 日均線，會變成「明天只要一漲，放空利益就會減少」的情況，因此很多人容易在還沒跌夠的狀態下，就把空單給全回補了。

此外，還會出現這樣的情緒：「假如明天漲，就來買進吧。」這麼一來，等於連追加買進都做了。

像這樣的操作之後，基本上都會大跌，這會使得投資人有如碰到意外時一樣，變成無法一如往常做部位的操作，這就是輸給了欲望。

如何才能不輸給欲望呢？

心裡想著：「要是我現在沒有買進，也沒有空頭部位的話，下一步我會怎麼做呢？」也是一種方法，還請參考。

只要這麼想，就能持平的面對線圖，促使自己回想起往常的基本動作。

目前仍在半路上

有一句話說「不進則退」。

這話說得可真對，就算你努力的結果是學會了專業級的技術，但一旦你疏於維持每天的努力，就會走上衰退的道路，這就是專家的世界。

不過，在交易時，並不像打網球或相撲那樣，有對手存在，所以不會有「對手拚命練習」或是「自己的體力漸漸變差」之類的情形發生。只要把自己的技術提升到某種水準，衰退的曲線就會變得平緩。

不過，從一開始的最初兩年左右，必須耗費相當的心力，這段期間要是偷懶，光是偷懶就足以讓你技術衰退，而且是大衰退。

看我的學生們一直以來的行動，他們多半是起步晚的人，一開始的勢頭比較弱，就算他們本人認為自己已經投注頗多的心力在這上頭，在我看來還是覺得不夠。

我希望各位都能在「成為專業級投資人之後，還要再追求更高的境界，這是一輩子的修行」這樣的想法下，帶著熱情從起點就卯足勁

往前衝。志向遠大的人，就算遭逢不如意的時期，也不會馬上退出，他們會毫不放棄地持續練習，直到衝破那堵牆。

各位能否成為專業級投資人，端看是否具備遠大的志向，是否持續練習與實際交易。一開始固然是最辛苦艱難的時期，但請努力在這艱辛時期，專心致志地提升自己的技術。

這樣的心血，絕不會白費。

在今後的修行當中，一定會有種種障礙橫亙在你眼前。

這種時候，更要帶著「現在我以成為股票專業操盤手為目標，我現在正藉由鍛鍊，在磨練自己的靈魂」的心情，好好地去面對。

我懷抱著這樣的想法，到現在都還持續的在鍛鍊自己。我想要窮究「交易道」，就像有人窮究劍道與書法那樣。

而目前的我，還只是在半路上而已。

NOTE

終章

股票的修行
沒有終點

———

要經常認為自己所知尚淺！

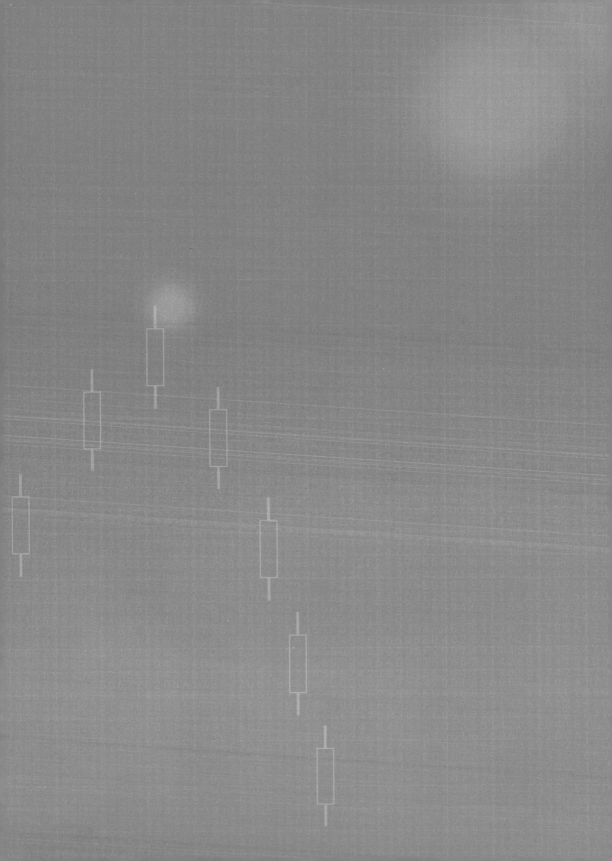

為了把知識化為血肉

　　感謝各位一直讀到這裡，把 200 頁以上的書全部讀完，需要的心力很可觀。更別說這是一本必須圖表和文字一起對照著看的書了，很辛苦。

　　感謝各位的努力！也恭喜各位！

　　所謂的緣，是很不可思議的東西。

　　人生當中，經常會碰到「假如當時沒有那件事，就沒有現在這件事」的狀況。

　　各位和這本書相遇，我想都有各自的機緣，若能把和這本書的相遇，當成一件很棒的事而好好利用它，會是我的榮幸。

　　我在本文中也寫到過，假如不是我碰到一位曾共事、一起開發過股票投資教材的社長，這本書應該不會有機會問世。

　　看完本書的感想是什麼呢？我想應該還是有很多人覺得好難吧。但是請放心，我在這本書裡提及的內容，最後一定都能搞懂，沒有任

何人例外。

要是現在你覺得這本書很難，那請你集中在覺得難的地方，試著重新再讀一次，請深入思考看看。再次閱讀，應該會比第一次閱讀時有更深入的理解。

我想，甚至於有可能第一次閱讀時的理解是錯的，第二次讀時理當可以加深理解，而且也會察覺到，第一次閱讀時理解得太粗淺了。像這樣多次閱讀後，知識就會慢慢變成你的血與肉。為了成功，這樣的學習方式是很重要的。

這樣一直反覆學習，書會變得破破爛爛的，應該有人會這樣覺得。請把這本書當成學習用，可以再準備另一本做為保存用。這樣就變成有必要再買一本了，嚴禁耍客氣不買！

必須經常接受練習的考驗

①更加堅強！

②更加努力！

我認為，若想得到真正而非一時的成功，就必須做到這兩點。這樣想的話，人生會漸漸充實起來，這兩句話也是我們股票教室的班訓。

有個算命術語叫做「天中殺」。據說在我們的人生中，每 12 年會有一次運氣不好達兩年的時期，我個人認為是滿準的。

要是真的存在著「天中殺」，那應該也會有像神一般的「高等的存在」。那樣的神，應該不會沒事故意讓我們人類走衰運。

那麼，為何會存在著名為「天中殺」的一段時期呢？

應該是因為，要是凡事都一直很順利，就沒有人會去設想到不好的事，就會生活怠惰，變得防備鬆散。

所以神為了警告與敦促我們成長，才會賦與我們一段厄運時期吧。也就是說，「天中殺」是一種考驗。

如果是這樣的話，我們應該也能想出不讓運氣變差的方法，那就是自己考驗自己。既然神可以在正面意義下考驗我們，我們就在神開始考驗我們之前，自己先跳進考驗當中。

神看到我們的行為，應該會覺得「那我就沒必要再考驗他了」。自己為了自己好而考驗自己，與來自外部的考驗，二者給人的印象天差地遠。或許看在外人眼中同樣都辛苦，但自己跳到考驗當中，畢竟輕鬆許多，甚至於可以說是開開心心的朝著考驗而去。

「更加堅強！」「更加努力！」正是在自己考驗自己，這是讓今

天的我比昨天的我成長，明天的我比今天的我成長的行動指南。

當練習變得辛苦時，就以主動面對考驗的心情，想起我這番話吧。

講到這裡已經接近尾聲，但朝著股票專業操盤手而去的修行，是沒有終點的。不過，只要在一開始某種程度的期間內做了練習，應該還是能學到相當程度的技術，首先就以那個層次為目標吧。這樣的話，日後會變得輕鬆許多。

有機會可以的話，請來聽我的現場研討會或報名我的股票教室，這講白了就是在打廣告，但不是只有打廣告而已。由於篇幅的限制以及我的文字能力，或許我在本書中介紹的解讀「股價趨勢」的方法，有某些地方不太好懂。

「部位操作」也是一樣。

雖然我很努力地寫，但說真的，書中有些地方會讓我覺得，要是我直接用講的，應該可以呈現得更好。

若能用上課的方式，就可以不去管字數，想講什麼講到飽了。

同時，我所傳授的技術，也仍在進化當中。

舉個例子，100 日均線與 300 日均線，我其實在 2015 年底才察覺

到這兩條「移動平均線」的用處，過去就算不使用這兩條「移動平均線」，我還是能夠交易得很好。

但對於經驗尚淺的學生們來說，還是會有一些難以因應的狀況，為了設法解決，苦思之下，我才想到了可以利用 100 日均線與 300 日均線。也就是說，要是這本書在 2015 年就出版，就不會提到 100 日均線與 300 日均線了，之所以提到它們，是因為時機剛好。但若是定期舉辦的研討會或股票教室，我就能經常把最新投資理論傳授給各位。

馬拉松健將高橋尚子小姐，身邊有小出義雄這個教練存在；我最喜歡的網球好手錦織圭老弟，則有張德培這個教練。到頭來，仰賴好教練可以更快速、更正確地提升你的高度。

所以我才說，不只是在打廣告而已。當然，來參加研討會與上課都得付費，但我有自信，課程的價值一定值得你付費參加。

我股票教室的學生來自於各種不同的領域。例如，住在新加坡的學生，幾乎都是事業有成，財產十億日圓以上的退休人士。

各位，雖然他們已經是高度成功者，但還是照著我所講的在做練習，就像小學時期背九九乘法表一樣，十分努力。每星期，他們也會自行舉辦讀書會。請想像一下，在遙遠的異國，一群財產十億日圓以

上的大叔，認真地面對電腦螢幕，觀看我的上課影片在學習的模樣。

練習固然可以自己做，但仍有極限。正因為有這麼一群人的存在，才更能刺激其他人產生「我也不要輸給他們」的想法而奮起。

最重要的是，大家一起，不是比獨自一個人還來得開心嗎？

啤酒、體育賽事以及相場師朗的課，都是即時的、現場的最棒了！

那麼，下次就來個真人相見吧！

2016 年 6 月

相場師朗

投資贏家系列 IN10070

任何股票都能翻倍賺的多空雙作線圖獲利法（熱銷慶功版）
株は技術だ！倍々で勝ち続ける究極のチャート授業

作　　　者	相場師朗
責任編輯	李珮綺
行銷經理	胡弘一
內文排版	亞樂設計有限公司
封面設計	郭志龍

出 版 者	今周刊出版社股份有限公司
發 行 人	梁永煌
社　　　長	謝春滿
總 編 輯	許訓彰
地　　　址	台北市南京東路一段 96 號 8 樓
電　　　話	886-2-2581-6196
傳　　　真	886-2-2531-6438
讀者專線	886-2-2581-6196 轉 1
劃撥帳號	19865054
戶　　　名	今周刊出版社股份有限公司
網　　　址	http://www.businesstoday.com.tw

總 經 銷	大和書報股份有限公司
電　　　話	886-2-8990-2588
製版印刷	緯峰印刷股份有限公司

二版一刷	2023 年 1 月
定　　　價	380 元

國家圖書館出版品預行編目（CIP）資料

任何股票都能翻倍賺的多空雙作線圖獲利法（熱銷慶功版）
／相場師朗
著；江裕真譯. -- 二版. -- 臺北市：今周刊出版社股份有限
公司, 2023.01
　面；　公分. --（投資贏家系列；IN10070）
譯自：株は技術だ！倍々で勝ち続ける究極のチャート授業
ISBN 978-626-7266-00-7（平裝）
1.CST: 股票投資 2.CST: 投資技術 3.CST: 投資分析
563.53 111020998

Investment

Investment